Xiaofeizhe Xingweixue
Kecheng Jingyao Shiqijiang

消费者行为学
课程精要
十七讲

周云　赵瑞琴　主编

企业管理出版社
ENTERPRISE MANAGEMENT PUBLISHING HOUSE

图书在版编目（CIP）数据

消费者行为学课程精要十七讲/周云，赵瑞琴主编.
-- 北京：企业管理出版社，2024.9. --ISBN 978-7-5164-3123-8

Ⅰ.F713.55
中国国家版本馆CIP数据核字第20246UJ442号

书　　　名	：消费者行为学课程精要十七讲		
书　　　号	：ISBN 978-7-5164-3123-8		
作　　　者	：周　云　赵瑞琴		
选题策划	：周灵均		
责任编辑	：张　羿　周灵均		
出版发行	：企业管理出版社		
经　　　销	：新华书店		
地　　　址	：北京市海淀区紫竹院南路17号	邮　　编	：100048
网　　　址	：http://www.emph.cn	电子信箱	：2508978735@qq.com
电　　　话	：编辑部（010）68456991	发行部	（010）68417763
印　　　刷	：北京厚诚则铭印刷科技有限公司		
版　　　次	：2024年9月第1版		
印　　　次	：2024年9月第1次印刷		
开　　　本	：710mm×1000mm　　1/16		
印　　　张	：13.75		
字　　　数	：175千字		
定　　　价	：68.00元		

版权所有　翻印必究·印装有误　负责调换

编写人员名单

主　　编：周　云　赵瑞琴
副 主 编：韩　晴　陆亚新
参编人员：姜瑞雪　方钰滢　于笑逸
　　　　　宋　钰　朱嫣婷　陈天鹤

前言
PREFACE

消费者，国际标准化组织（ISO）定义其为"以个人消费为目的而购买、使用商品和服务的个体社会成员"。这个定义也清晰简明地告诉我们，消费者是商品的最终使用者。在研究消费者行为过程中，需要关注商品在到达最终使用者之前涉及的所有环节，从这个角度来看消费者行为是复杂的，是一个企业经营与管理者必须长期研究的重要课题。

消费者行为研究需要大量实践，坐在家里想"怎么才能让消费者买我的产品"而不做调研，那是"闭门造车"；坐在办公室里说"我们应该这么做才能吸引消费者"而不去实践，那是"纸上谈兵"；坐在会议室里说"我们继续这么做"而不思求变，那是"安于现状"。消费者的需求是在不断变化更新的，市场是在不断迭代进步的，竞争者也无时无刻不在求生求变，各种因素相互制约又相互促变。只有不断地学习进步才能知晓消费者行为的变化趋势与规律，企业才能获得持续发展的机会。

"消费者行为学"是一门实践性很强的课程，所有的理论都需要在实践中应用、总结、再实践。《消费者行为学课程精要十七讲》是北方工业大学周云教授、河北农业大学赵瑞琴副教授、北京服装学院陆亚新副教授等高等院校教师多年教学经验的总结，按32学时的教学时长对各章节的重点知识进行归纳、整理及深度阐释，其中许多内容来自一线教师的讲义。本书的内容与结构安排不同于一般教材，更强调实践性、可阅读性，是一本适合没有营销基础的读者入门学习的教材。

因编写时间限制，书中难免存在疏漏，请广大读者批评指正，如有问题请联系我们（邮箱：uibezhouyun@163.com）。我们也非常高兴能够和广大读者共同探讨、一起学习。

《消费者行为学课程精要十七讲》教材编写组

于毓秀园

2024年5月

目录 CONTENTS

第1讲　解读消费者

一、解读 / 3

二、消费者数据从哪里来 / 5

三、分析消费者的必要性 / 8

补充知识：常用的问卷调研工具 / 10

第2讲　谁是真正的消费者

一、如何定义消费者 / 15

二、助销者 / 17

三、目标消费者 / 20

补充知识：为什么不能支持职业打假者 / 22

第3讲　市场是消费者与潜在消费者的总和

一、消费者行为学是怎样理解市场的 / 27

二、潜在消费者有多重要 / 29

三、消费者怎样分类 / 31

补充知识：网络效应 / 36

第4讲　消费者决策的开始——问题认知

一、问题认知产生商机 / 41

二、消费者能意识到的问题是主动型消费者问题 / 43

三、被动型消费者问题怎样变成主动型消费者问题 / 47

补充知识：影响问题认知的因素有哪些 / 50

第5讲　消费者是怎样进行信息收集的

一、消费者信息来源 / 53

二、消费者信息的意识域 / 55

三、从消费者信息阈的视角做目标市场的决策 / 58

补充知识："买的不如卖的精"——信息不对称 / 60

第6讲　怎样影响消费者的理性判断

一、消费者的理性判断 / 63

二、消费者的评价是怎样形成的 / 64

三、消费者决策类型 / 67

补充知识：帮助消费者建立选择标准 / 69

第7讲　让消费者冲动起来

一、有限理性消费者 / 73

二、冲动性购买与无计划购买 / 75

三、如何刺激消费者进行冲动性购买 / 77

补充知识：在线销售如何引发冲动性购买 / 79

第 8 讲　买完就没事了吗

一、消费者购后评价 / 83

二、如何培养忠诚消费者 / 85

三、攻心为上——如何挽回消费者 / 87

补充知识：消费者如何维权 / 90

第 9 讲　探知消费者隐性动机

一、需要、需求与动机 / 95

二、纷繁复杂的动机 / 97

三、隐性动机中蕴藏的商机 / 98

补充知识：挖掘消费者潜在需求的方法有哪些 / 101

第 10 讲　利用感知觉的阈

一、感觉与知觉 / 105

二、消费者感觉阈限 / 107

三、有意注意与感官营销 / 109

补充知识：错觉与感官营销 / 111

第 11 讲　神奇的泛化

一、泛化与分化 / 115

二、实验与实践 / 118

三、品牌的泛化之路——延伸 / 122

补充知识：泛化应用的"得"与"失" / 124

第 12 讲　消费者为什么很难记住信息

一、记忆的奥秘 / 127

二、向遗忘说"NO" / 129

三、高记忆信息的七个特征 / 131

四、提高消费者记忆的三个小技巧 / 134

补充知识 1：艾宾浩斯曲线 / 136

补充知识 2：消费者的记忆系统 / 139

第 13 讲　消费者态度的形成与改变

一、如何测量消费者态度 / 143

二、消费者态度的构成 / 146

三、"三管齐下"——如何改变消费者态度 / 148

补充知识：干扰消费者态度的因素 / 150

第 14 讲　消费者自我与个性

一、"我即是我"——消费者自我 / 155

二、"我就是我"——消费者个性 / 158

三、大五人格 / 160

补充知识 1：弗洛伊德的冰山理论 / 162

补充知识 2：消费者虚拟诉求 / 164

第 15 讲　消费者的价值观与生活方式

一、消费者的价值观是怎样形成的 / 169

二、生活方式与消费行为 / 170

三、如何引导消费者的价值观 / 173

补充知识：生活方式的测量 / 175

第 16 讲　以营销视角解构消费者

一、市场细分 / 179

二、目标市场选择 / 181

三、市场定位 / 184

补充知识：4P 理论 / 187

第 17 讲　无所不在的文化

一、怎样理解文化 / 193

二、营销沟通中的文化差异 / 195

三、如何影响跨文化区的消费者 / 197

补充知识：霍夫斯泰德文化维度理论 / 200

参考文献

第 1 讲

解读消费者

消费者分析由固定的"三部曲"构成：第一步是收集资料或数据；第二步是加工资料或数据；第三步是解读资料或数据，使其成为有用的信息。信息是降低不确定性的东西。换言之，获得越多的有效信息，就越能降低交易中的风险（风险是可以被度量的不确定性）。

很明显，分析消费者的目的就是获得并解读与消费者有关的信息。我们通常所说的消费者分析一般是指解读消费者，尤其是根据消费者行为推测消费者的心理活动。尽管心理与行为之间并不完全一致，但二者联系紧密。研究消费者、解读消费者、推测消费者心理，这些工作的目的都是希望在经营中能够充分地理解消费者，预测、满足或引导消费者需求。

《消费者行为学课程精要十七讲》的第一讲是关于如何分析消费者的内容，需要大家理解几个与之有关的概念：第一个是"解读"，讲的是分析消费者的意义；第二个是"调研"，讲的是消费者数据从哪里来；第三个是"逻辑"，讲的是分析的逻辑。

一、解读

有用的数据叫"信息",解读是指从数据和资料中解释或读取信息。可见,解读就是将海量的数据变成有用的信息的过程。理解"解读"的概念,主要是区别解读与分析的差异。分析,在营销学科当中,一般是指把现象分解成较简单的组成部分,并运用统计方法进行研究的过程。常见的分析方法有聚类分析、主成分分析、归纳分析,这些也是处理资料与数据的主要方法;但实践中能够做到充分收集数据、建模预测的企业很少,大部分企业的分析都是通过研讨以及进行适度的数据解读实现的。本书侧重实践环节,就针对解读环节做深入探讨。

举个例子。今年某餐饮企业所在地刚刚公布的年鉴数据显示:该地区的家庭人口平均数由上一年的3.74突然下降到今年同期的3.15,如果本地区的总人口、地区总消费额等数据都没有变化,仅仅出现家庭人口平均数大幅下降的情况,企业应该怎样做决策?作为一家餐饮企业,是应该扩大经营,增加自营店,还是应该缩小经营规模,或是保持不变?这是个典型的由经营环境数据变化而引起的经营决策,企业决策者不需要像学者那样深入严谨地做出分析,只需安排专业职能部门做解读即可。

解读:如上的数据并不多,人口总数不变,而家庭人口平均数下降,说明造成家庭平均人口下降的原因是家庭数的增加。假如某地区仅有两户、六人,每户三人,即家庭人口平均数为3。如果两家的孩子长大后组成了一个新家庭，结果总人数还是六人，而家庭总数增加到3个，从而使得家庭人口平均数降至2。新的家庭产生新的需求，可以有个简单的逻辑来判断当下的情形，家庭人口平均数下降会促进社会需求增加。至此，仅这一条信息的解读，就可以支持企业做出扩大经营、增加自营的决策。

这种依据简单信息支持决策的过程，就是"消费者行为学"里常用的"解读"。消费者的行为与消费者的心理不完全一致，企业对行为的研究也谈不上严谨，大部分的研究内容是推敲，有较多信息和清晰逻辑的推敲或判断是企业对消费者行为的解读和决策。

一个企业对消费者的解读能力在很大程度上受到分析人员经验的影响。当下，在大数据和多学科交叉等技术方式革新的影响下，尽可能多地解读出有效信息并不是一件很难的事，而第一步"收集资料或数据"却是一个备受质疑的环节，尤其是没有统计学基础知识的人经常会质疑调研的有效性。

二、消费者数据从哪里来

对消费者行为的解读需要有较多的信息和清晰的逻辑，清晰的逻辑表现为解读能力，而解读质量取决于所掌握信息的多少。所以，所掌握信息的多少和逻辑的清晰程度，二者一起决定了企业对消费者的推敲和判断是否合理，从而决定了企业的决策是否正确。

信息，是降低不确定性的东西，有用的数据是信息。信息可以是定量的，也可以是定性的，定性的信息可以直接用于决策。只是大量的定性信息不能或不易得出有用的结论，因而，在"消费者行为学"课程中，提倡使用问卷调研来获取有效的数据，用定量的逻辑予以解读是非常有效的一种研究方法。

有关消费者的分析方法在很多课程中都会涉及，本书不再赘述。鉴于质疑最多的调研环节，本书结合营销调研，总结了"消费者行为学"当中常用的调研方法。获取消费者行为数据的主要方法有五种，即观察法、访谈法、问卷法、实验法、痕迹法。这五种方法普遍适用于社会科学的研究，当然也非常适用于对消费者的研究，"消费者行为学"课程中所涉及的理论、方法、数据、模型等，基本上都是来自这五种方法的应用。

观察法是企业在没有确切问题或目标时常采用的调研方法，以前的人都是盯着人观察，不仅耗时费力，还会产生很多的误会和较大的误差，所以真正用于企业调研实践的时候，采用观察法的并不多见，现在有了用人脸识别记录消费者消费轨迹的方法，大幅提高了观察效率，降低了成本，但因为涉及消费者隐私保护问题，有违法嫌疑，在实践中还属于"灰色地带"。随着大数据技术相关的法律、伦理、意识等问题的逐步解决，观察法会有广阔的应用空间，但目前还不具备低成本、大规模使用的条件。

访谈法是企业针对特定命题进行探索或验证时使用的一种方法，有"一对一深度访谈"和"一对多团体焦点访谈"两种类型。"一对一深度访谈"用于面对重要的人或行业专家之类的对象，比如，在咨询项目里对企业内部营销总监或品牌总监的访谈。"一对多团体焦点访谈"用于对某类消费者的研究，选用样本进行抽样访谈的情况。比如，企业计划在某校园开一个西餐厅，需要调研一下消费者的偏好和消费习惯，那就需要对校园内的目标人群抽取样本进行团体访谈了，这个样本当中应该包括老师、不同年级的学生以及其他经常在校园里活动的人员。访谈是一种非常简便易于操作的调研方法，也是现在企业获取消费者数据的主要来源之一。访谈的质量与访谈组织者（主持人）的水平密切相关，也会因组织者发挥的不同而产生较大差异，目前并没有标准的访谈质量控制方法。

问卷法是企业调研用得最多的一种方法，它最容易实现标准化。控制调研质量的方法也很多，问卷法是所有调研方法中能够实现最大限度随机的方法。大多数消费者对问卷调研并不陌生，大多遇到过街头随机拦路式的调研者，现在网络中也存在大量的在线调研问卷，应该说只要消费者愿意，很容易接触到问卷调研。问卷法的有效性在两个方面经常被质疑：其一是如何让消费者配合，从而获得真实的数据；其二是如何实现真正意义上的随机。近几年，做线下问卷调研越来越困难，而线上调研方兴未艾。常用的调研工具如"问卷星"组卷工具或填呗App这种具有样本库的调研平台，读者可以根据实际需要选择使用。

实验法是科研单位常使用的一种方法。传统实验一般选择对照的方式来比较实验对象的差异，成本较高，且因实验对象配合较为困难，实验结果经常会失真。当前，实验法更多的是使用一些辅助性工具，如眼动仪、CT（计算机断层扫描）脑波等进行数据采集。随着人类对大脑研究的逐渐深入，揭示消费者心理动机的实验越来越多地出现脑科学的研究成果，这使得实验法越来越具有实证意义。

痕迹法，在以往研究条件不足的时候经常用于补充调研，比如，若想知道某小区居民用的哪个品牌的洗发水最多，最好的办法就是把这个小区的垃圾都收集起来，清理出所有洗发水的空瓶子，连续观察一段时间即可得出结论。这个过程回避了问卷法、访谈法等常用方法中的样本随机等问题，这个结论也是最有效的。于是，"垃圾不说谎"就成为一些使用痕迹法进行研究的机构的座右铭，但痕迹法成本高昂，而且不是所有问题都能留下有用的痕迹，所以，痕迹法的使用范围一直不大。近20年来，随着互联网的发展，痕迹法有了新的内涵。消费者在网络上留下的查询、消费、分享的操作记录，如同超市购物的小票，也是一种"垃圾"一样的痕迹，形成了分散的海量的数据，运用适当工具进行挖掘，从这些分散的数据中解读出有用的信息，其本质上也属于痕迹法。

消费者数据来自这五种方法，这五种方法各有优劣。企业一般选一种方法开展调研，再换一种方法进行验证，这样的程序相对可靠，毕竟任何方法都有一个样本量的问题，能否使成本与决策质量相匹配，制约着调研的质量。

三、分析消费者的必要性

很多企业把制造成本、营销成本与财务成本视为企业经营中的三大成本，在做降本增效时也是反复在这三类成本上下功夫，但收效甚微。原因很简单，达到现代经营管理水平的企业对这三类成本的控制早已到了登峰造极的程度，几乎没有可挖掘的空间。

企业经营中，真正需要投入大量精力解决且可以实现大幅增效的可降成本是决策成本与沟通成本，而一般企业对这两类成本刻意回避。原因也很简单，因为要降低这两类成本既需要动脑筋，考核也有困难，甚至短期内几乎无法看到效益。

大部分人一提到决策与沟通会自然联想到企业内部管理的决策与沟通，认为决策是内部决策，沟通协调是职能与职能之间、人与人之间的问题。其实不然，决策和沟通与我们的"消费者行为学"有着密切的关系。

先来谈谈决策。实践中，为数不多的企业能够做到运用清晰的逻辑对消费者进行充分的分析，大部分企业的决策是靠企业家掌握的零散信息，加之不充分（甚至没有）的讨论，再凭着经验基础上的感觉做出的，这样的决策质量可想而知，会形成很高的试错成本。为了在经营中提高决策质量，需要有充分的、及时的来自消费者的信息，并根据这些信息对消费者进行分析。换句话说，对消费者进行充分的研究，解读出足够多的信息，可以提高企业经营的决策质量，从而降低试错成本。这便是消费者分析的第一个必要性逻辑。

再来谈谈沟通。企业经营中需要面对大量的沟通，可以说管理的全程都充满了沟通，除了内部沟通以外，还有与客户的沟通，与关联方的沟通，与管理机构的沟通，与媒体的沟通，等等，不善于沟通会给企业造成极大的损失。经营者与消费者的沟通是靠公共关系活动、广告等方式进行的，消费者也会通过口碑推荐、重复购买、投诉等各种形式与经营者进行沟通。沟通的成本是很高的，而且企业很难做到对所有人都进行面对面的交流，只能通过取样观察、问卷调研等方式探寻消费者可能做出的反应。换言之，对消费者的分析可以有效提高与消费者的沟通质量，从而减少沟通的成本，这是消费者分析的第二个必要性逻辑。

通过上述两个逻辑可见，对消费者进行分析是非常有必要的，有许多经典的语句高度总结了这一事实，如"没有调查就没有发言权"，"没有分析就没有管理"，等等。当然，对消费者进行分析的好处不仅于此，还有很多，可以说消费者分析是经营好企业的前提工作、基础工作，是营销人员的基本功，这也是学习"消费者行为学"课程的意义所在。

补充知识：常用的问卷调研工具

问卷调查是指通过制定详细周密的问卷，要求被调查者据此进行回答以收集资料的一种方法。所谓问卷是一组与研究目标有关的问题，或者说是一份为进行调查而编制的问题表格，又称"调查表"。它是人们在社会调查研究活动中用来收集资料的一种常用工具。调研人员借助这一工具对社会活动过程进行准确、具体的测定，并应用社会学统计方法进行量的描述和分析，获取所需要的调查资料。随着互联网的快速发展，目前研究者所采用的问卷调研方式也由传统的纸质调研问卷转变为线上调研问卷。以下为大家介绍几款常见的问卷调研工具及其优缺点。

1. 填呗App

填呗App是由北京卓闻数据科技有限公司（以下简称卓闻公司）开发的一个专业的数据调研和分析平台，该软件支持问卷发布，能够有效帮助相关品牌及时获取消费者的意见和反馈，从而更好地提高产品附加值，加快品牌数字化进程，真正实现品牌数据的标准化分析；但是由于平台的问卷发放对象固定为平台注册用户，所以存在调查对象样本单一和总量较小的问题，未来随着平台注册用户数量的持续增长，这种问题所造成的影响会逐渐削弱。

2. 问卷星

问卷星是一个专业的在线问卷调查、考试、测评、投票平台，专注于为用户提供功能强大、人性化的在线设计问卷、采集数据、自定义报表、调查结果分析等一系列服务。与传统调查方式、其他调查网站或调查系统相比，问卷星具有快捷、易用、低成本、题型多样等明显优势，回收的数据结果还可以在网站中进行有关数据分析，对于简单的问卷调查研究具有极大的便捷性；但低成本调研也存在平台回收样本数据质量参差不齐、"羊毛党"造成大量无效数据等问题，提高了问卷收集者的时间成本和金钱成本。

3.见数

见数（Credamo）是由北京易数模法科技有限公司自主研发的全球首款智能专业调研平台。该平台创新地整合了问卷设计、样本服务和统计分析三大模块，用户可一站式完成所有调研工作，提高调研效率，同时该平台还有特色的AI（人工智能）生成问卷和在线行为实验，能够满足需要进行眼动、脑电之类实验的调研用户的需求；但平台需要用户自主设计问卷，存在平台网站操作难度大、用户操作不熟练进而影响用户体验的问题，对于具有限制条件的大样本问卷调查存在调研成本过高、问卷回收质量低等问题。

此外，还有"调研家""零点"等专业调研公司，提供市场调研的平台和工具，它们也都有各自的优缺点，用户可根据自己的条件选择合适的工具和平台。

第 2 讲

谁是真正的消费者

消费者分析的首要问题就是要先搞清楚：谁是真正的消费者？只有找到真正的消费者，营销人员才能制定有效的营销策略来吸引或引导消费者购买商品；同时需要注意，助销者在该过程中可能扮演着至关重要的角色。

一、如何定义消费者

我们先来看一个小案例。谁是脑白金的消费者？是购买脑白金去"送礼"的年轻人，还是"收礼"的老年人？大部分搞营销工作的人会选择年轻人，原因很简单，他们是购买者。那么，购买者和消费者是一回事吗？如果我购买了一盒水果去看望朋友，不巧水果变质，朋友吃坏了肚子，如果获得了水果商的赔偿，是赔偿买水果的我还是吃水果的朋友？买方对营销者来说是最重要的，很多人就把购买者直接与消费者画了等号。试想，如果老年人都不吃脑白金，年轻人还会买吗？于是，有同学凭着直觉判断：吃脑白金的老年人才是真正的消费者。

这个案例牵扯出一个消费者研究的首要问题：到底谁是我们研究的对象，谁是真正的消费者？

国际标准化组织（ISO）认为，消费者是以个人消费为目的而购买使用商品和服务的个体社会成员。ISO的这个认识对消费者的概念进行了简单的轮廓性的描述，但对于做专门的消费者研究显然是不够用的。在"消费者行为学"中，消费者的定义有广义和狭义之分。

广义的消费者是指参与决策，影响、购买、使用各种产品与服务的个人或组织。一个交易的所有环节的实施者，构成了消费者的五个角色，这五个角色可由五个人分别承担，也可由一人承担所有消费者角色。这五个角色分别是倡议者、影响者、决策者、购买者、使用者；而真正的消费者，或狭义的消费者，指的是使用者。换言之，在一次完整的消费过程中，谁作为最后的使用者，谁才是真正意义上的消费者。广义的消费者五个角色的概念，是我们对消费者进行分析的基本框架。

举个例子。小王在学校不小心感冒了，舍友把她男朋友找来了。男朋友要帮小王去药店买药，并听取小王舍友的建议买了"康泰克"。因为小王知道自己吃"康泰克"之后会有过敏现象，于是男友又带小王去了医院。医生为其开了"病毒灵"，小王吃后感冒好了。请从制药企业的销售视角，分析小王、小王男朋友、舍友、医生各自扮演着哪些消费者角色。

在这个案例中，男朋友要去给小王买药，并且最终实施购买，他是倡议者和购买者。舍友建议买"康泰克"，她仅仅是影响者。买了的"康泰克"没有吃，放弃消费，也是一种处置商品的方式。最终是医生决定应该用什么药，他是决策者，吃药的小王是使用者，因此小王才是真正的消费者。

当然，学生去食堂吃饭的时候，一个人就承担了所有消费者角色，大部分的消费行为都由两个或两个以上的角色构成，一个人承担所有角色的消费行为并不多。理解并识别真正的消费者是学习"消费者行为学"的基础，需要我们理解不同类型的消费行为角色。

二、助销者

我们再来看看刚才脑白金的案例，谁是消费者呢？从狭义的角度讲，老年人是使用者，他们是真正意义上的消费者，而作为倡议者、影响者、决策者或担当购买者角色的年轻人，他们与老年人一起构成了脑白金的广义消费者。除了使用者之外，其他四个角色（包括购买者在内）统称为"助销者"，也就是帮助销售的人。助销者与我们的营销对象又有什么关系呢？这里就涉及另一个重要的概念——目标消费者与助销者。

一般来说，厂商会进行市场细分并确定目标消费者，其营销投入都是针对目标消费者；但是当厂商选择的目标人群是难以启动的人群时（比如保健品行业里的中年男性，就是很难启动的消费者群体）就需要找到一个营销的关键角色——助销者。助销者角色可以改变或赋予产品概念，满足目标人群的不同诉求。

脑白金是国内最早使用助销者概念营销成功的案例，回顾这个案例的广告也可以看出来。最早，脑白金的营销是针对真正的消费者的（比如针对老年人做的功能性介绍"润肠通便"等），后来发现老年人虽然需要保健品，但购买力不足，是难以启动的人群。于是营销人员将目标人群改为其子女，产品属性也由保健品变为礼品，广告中体现了这一重大变化，脑白金成了"送给父母的爱"，脑白金也是从这里开始打开市场的。后来营销人员发现消费者的父母毕竟只有一对，市场有限，而长辈可以有很多位，如爷爷奶奶、姥姥姥爷、姑舅叔婶等，只要是给长辈送礼都可以用，于是后期的广告就定型为

"今年过节不收礼，收礼还收脑白金"。这个广告看似是做给老年人或长辈看的，但长辈并不是购买者，其实这个广告是做给年轻人看的，年轻人作为购买者，在脑白金产品消费中起到了关键作用，购买者就是这个案例中的关键角色。

助销者对于商业模式非常重要，尤其是现在营销已发达到无孔不入的程度，我们很难找到一片消费者众多但无人问津的市场，还有机会的市场大部分都是前人没有开发出来或目标消费者难以启动，这就要求我们必须掌握使用"助销者"这一概念的窍门。

我们再用一个很早以前的真实的经典案例练习一下如何找到并安排助销者。

"汉林"牌清脂胶囊（以下简称汉林清脂）是深圳太太静心口服液成功以后开发的针对中年男性降血脂的保健品。从2001年年底深圳太太药业有限公司（以下简称太太药业）正式推出汉林清脂，到2002年6月30日，短短半年时间，太太药业在推广汉林清脂上面就花费了3410.79万元。从营销方面来分析，汉林清脂的定位非常清晰，"职位高、收入高"的中年男性是汉林清脂真正的消费者。太太药业聘请港台明星担任形象代言人，该明星正值中年，知名度高，而且广告词"每天清一清，血脂不再高"，表面上看没有什么明显的问题，汉林清脂几乎翻版了静心口服液的所有营销手段，但从太太药业2002年上半年度公报来看，与去年同期相比利润下降了约3000万元，和汉林清脂的推广费用大致持平。业绩公报中隐讳地称："部分产品处于市场推广期间，销售量尚未能达到预测时的规模。"这个"部分产品"，应该指的就是汉林清脂。2002年7月以后就很少看到汉林清脂的电视广告了。2002年11月初，汉林清脂的电视广告停播。为什么静心口服液屡试不爽的营销手段拿到汉林清脂上用就不灵了呢？

对比女性保健品市场，男性保健品市场最大的特点就是中年男性消费者很少主动为自己购买保健品，而女性消费者对美容、身材等高参与度消费的热衷，使得她们更倾向于为自己购买保健品，因此，这两个市场虽然都是保健品市场，但消费者完全不同。

面对难以启动购买但有需求的使用者，需要为其专门设计助销者，汉林清脂的目标消费者是中年男性，但关键是要安排一位或多位助销者，方能启动该消费者市场。受脑白金案例启发，可以将其设计为"孩子送给爸爸的礼物"，"妻子对丈夫的爱与关心"，等等，只要是与中年男性有一定联系的人都可以成为这款产品的助销者。构建合适的助销者是营销能力的重要体现。

三、目标消费者

要理解上述案例非常容易，难的是我们如何辨别营销当中哪个角色是关键角色。不同的认识产生的结果大相径庭，尤其是购买者与使用者角色。

举个例子。学生用的教科书，由任课教师决定哪一本书作为教材，再由学校的教材科负责采购回学校，学生从教材科购买并使用教材。我们从出版社的视角来分析教材的目标消费者及相应的营销策略。

用广义的消费者概念进行分析：在这个教材消费角色中，倡议者就是学生自己；影响者也可能存在，可能是同学间互相推荐教材，也可能是助教或学长推荐，但案例中没有给出，可以忽略；教师无疑是决策者，因为教师是按照这本教材来组织教学的，学生如果用其他教材会很不方便；教材科对于出版社来说就是购买者；而学生是教材的使用者。

让我们来看看出版社视角下，目标消费者变化对营销策略有多大的影响。这个案例里的学生毋庸置疑应该是真正的消费者，如果出版社把学生作为目标消费者，那就应该在封面设计中凸显该教材曾获得某名师推荐、获得某精品课程奖等，用以吸引学生主动购买；如果出版社把教师作为目标消费者，那它会经常在学校里开书展，会赠书给任课教师，教师用习惯了的书就会被选为教材；如果出版社把购买者当作消费者，那教材科就成了目标消费者，那它就会针对教材科做公关活动。辨析一下其中的关系：第一，教材科虽然是购买者，但若师生都不认同，即使教材科把书买回来也难以被真正地消费掉，最终可能会闲置或做退回处置，可见教材科不是关键角色。第二，虽然教材最终是由学生买单的，但学生在教材消费中的决策只是名义决策。由此可知，在出版社的视角下，整个教材消费角色中的关键角色应该是任课教师，任课教师才是其目标消费者。

由这个案例我们也可以清楚地看到，目标消费者和真正的消费者可以不一致，目标消费者和购买者也可以不一致，营销策略是针对目标消费者制定的，所以，营销策略不一定要针对购买者或真正的消费者。

确认目标消费者也称"确定目标人群"，是STP（S-Segmentation，即市场细分；T-Targeting，即目标市场；P-Positioning，即市场定位）理论的中间环节"Targeting"，在营销过程中起着承上启下的作用。可以说企业选择谁作为目标消费者就选定了目标市场，后面所有的营销决策都要围绕这个目标市场展开，不同的目标市场对应的营销方式完全不同。

补充知识：为什么不能支持职业打假者

由于《中华人民共和国消费者权益保护法》（以下简称《消费者权益保护法》）本身对于消费者的概念界定比较模糊，职业打假者是否应受《消费者权益保护法》保护也一直处于争议中。直到2016年《中华人民共和国消费者权益保护法实施条例（征求意见稿）》将"以牟利为目的"的职业打假者排除在消费者的概念范围外，职业打假似乎进入瓶颈期；但是职业打假本身也有净化市场、打击假冒伪劣商品的好处，因此，如何平衡职业打假者的利与弊成了必须考量的问题。

一般来说，我们认为消费者是不以营利为目的购买商品或接受服务的人；但实际上，与经营有关的消费者概念更为广泛，它不仅包括为自己的生活需要而购买商品的人，也包括为了赠送、出租盈利而购买商品的人，甚至包括为他人做代理去购买商品的买手、影响消费的人等，这些角色的权益都需要法律来保护，只不过需要的法律应该是涉及经营的商法，包括《中华人民共和国合同法》（以下简称《合同法》）等。真正需要《消费者权益保护法》保护的消费者，其实只有一个，就是使用者，也就是"消费者行为学"当中定义的狭义的消费者，也是真正的消费者。在前面的例子中，如果年轻人购买的脑白金出现质量问题，年轻人与厂商之间就涉及购买的纠纷，应适用《合同法》来解决纠纷，而厂商与老年人之间就涉及《消费者权益保护法》的内容了。

我们不能用"不以营利为目的"这样无法明确定性的概念来判断职业打

假者是不是消费者，用"消费者行为学"中关于消费者的概念即可清楚地解析职业打假者的本质。职业打假者的消费者角色只到购买者就结束了，他并不是使用者，也就是说，他不是真正意义上的消费者，他的购买活动甚至都不是一个完整的消费活动，不可能出现使用者。对职业打假者提出的诉讼请求，更适合用商法来确认商家是否存在欺诈行为。如果商家确属于有意欺诈消费者，能够保留职业打假者的合理一面，而若商家不存在欺诈消费者的问题，只是疏忽或不可避免的瑕疵问题，职业打假者恶意串用《消费者权益保护法》就会因其不是消费者而无法适用。

对于职业打假者，很多消费者是持支持态度的，因为他们对商家的欺诈行为十分反感，希望能够对无良商家有约束、有惩戒，而职业打假者恰恰迎合了消费者的这种需求，并渐渐地职业化，甚至已经形成了产业链。这也是争议职业打假者是否合理的关键问题所在。其实，职业打假者是市场经济发展到一定阶段的产物，会随着全社会消费者自我保护意识的不断提高、市场监管措施越来越完善而减少乃至消亡。遏制商家的恶意欺诈需要全体消费者的法律意识的提高、监管环境的改善、社会文明的进步以及社会责任意识的增强等，这是一个复杂的系统工程，不能仅靠几个职业打假者来促进庞大社会的进步。

这里讲一个很多年前的小故事，某县工商所在菜市场的征税工作开展得很不顺利，于是把征税的事交给了当地一批"小混混"，这样一来倒是很顺利地完成了征税任务，殊不知这些人很快就形成了一个组织。当时报道此事的时候有句话总结得很到位："收税是正当的事，征税遇到的问题不能通过回避来解决，更不能交给不正当的人去解决，应该名正言顺地干……"打假本来也是一件正当的事，就应该名正言顺地干，不能把打假的事交给职业打假者。所有消费者都应该是打假者，监管部门是消费者的代表，而职业打假者不是消费者，更不可能是消费者的代表。

第 3 讲

市场是消费者与潜在消费者的总和

在上一讲中，我们了解了消费者的定义以及助销者的重要性，那么在这一讲，我们将市场分为两个部分，即消费者与潜在消费者。对企业来说，维持消费者的连续购买固然重要，挖掘潜在消费者使其在将来成为真正的消费者也是开拓市场、提高市场占有率的重要举措。

一、消费者行为学是怎样理解市场的

"市场"是与消费者有关的概念当中最为重要的一个，必须深刻理解市场与消费者的关系，才能理解市场经济、现象、本质及其规律。

关于市场的定义实在是太多了，比较典型的有"微观经济学"里的供需关系说，也有"政治经济学"里的交易场所说，比如"在我家小区对面有一个菜市场"，这里的"市场"指的就是交易场所，但如果说"今年我市的房地产市场不太好"，指的可就不是交易场所了，这里的"市场不太好"指的是供需关系不好，或严重供大于求，或严重供不应求，这都不是正常的市场。我们说"北京每年消费很多苹果，市场很大"的时候，这个"市场"指的又是什么呢？严格地讲，这个"市场"就是"市场营销学"中的"市场"，其内涵是：消费者与潜在消费者的总和。"消费者行为学"里的"市场"概念与"市场营销学"里的"市场"概念一致。

到本讲，我们的概念继续细分，营销研究的对象是消费者和潜在消费者，"消费者行为学"研究的对象也一样，只不过在"消费者行为学"当中把消费者分得更细而已。营销所要面对的市场有三大类，分别是个人消费者市场、组织消费者市场、政府采购市场。这是从市场组织形式的角度对市场进行分类的一种方式。这三类市场的性质完全不同，遵循的内在运行机理也不一样，比如个人消费者市场以让渡价值为衡量原则，而组织消费者市场是以性价比为衡量原则。"消费者行为学"中对消费者的分类则采用了不同的视角，最为常用的是按照购买连续性来划分，被列为目标消费者但还没有购买过产品的人被称为"目标消费者",购买一次即为新消费者,随着连续消费次数的不断增加,消费者从偶尔、偏好、习惯,一直到忠诚,不断强化着消费的依赖程度,消费者对某一品牌进行连续购买的次数反映出其对该品牌不同的认知和依赖程度。这也是"消费者行为学"对消费者进行初步划分的基本逻辑。

二、潜在消费者有多重要

"消费者行为学"里的消费者分类很多，有新消费者、目标消费者、习惯型消费者等，但"市场"的概念一定要把"潜在消费者"单提出来，使之与消费者区别开来，不仅仅是因为潜在消费者与消费者的性质不同，更是因为对潜在消费者进行分析有着极其重要的意义。

举个例子。国外某洋酒品牌在1997年就进入中国，企业直至2002年才开始销售，这5年里，企业没有卖过一瓶酒，一直在踏踏实实地围绕它的目标消费者做公关活动，比如赞助了很多院校的毕业晚会，并将其品牌知识灌注在整场晚会当中，精耕细作，直至产品上市。产品上市后大获成功，这是他们年复一年地培养潜在消费者的结果，他们的经验"销售未动、公关先行"至今仍被营销人员奉为最重要的营销理念。

可以这样理解潜在消费者的重要意义，在销售开始之前，市场中的目标消费者都是潜在消费者，对市场的分析就是对潜在消费者的分析。潜在消费者的意义还不止于此，更重要的是，消费者的消费习惯一旦形成就很难改变，尤其是能够产生网络效应的行业。

举个例子。我们常用的键盘，其实是让我们打字十分别扭，甚至是让我们打字速度很慢的组合。最早出现的键盘是弹簧式打字机上的机械键盘，如

图3-1所示。敲击时，弹簧把这个键盘字母对应的一根字杆弹到纸上。之后，弹簧把字杆弹回原位。机械键盘的最大问题是打字速度不能太快。因为如果打得太快，前后两根弹簧很容易缠在一起。

图 3-1 机械键盘

于是，Remington公司（雷明顿公司）推出了现在用的QWERTY键盘（全键盘），由于布局减慢了打字的速度，合理地避免了弹簧纠缠的问题，在竞争中较为占优。之后，随着打字培训员、打字教材等配套资源全部占优，所有生产商都转向生产这种键盘，形成了网络效应。尽管键盘早就电子化了，键盘原理也完全改变了，即使有的企业为了提高打字输入速度，设计开发过新款键盘，但消费者早已习惯使用这款键盘，已极难改变。

在传统经营时代，就有很多厂商在对新市场提供产品时奉行"越快越好"的准则，因为他们非常清楚潜在消费者使用习惯的重要性，为了占得先机，哪怕是免费提供试用产品也在所不惜。现在网络时代，产品生命周期缩短，潜在消费者的习惯培养速度加快，潜在消费者的研究在"消费者行为学"中就显得更为重要了。

三、消费者怎样分类

"消费者行为学"里的消费者分类很多,最常用的分类方式是按照消费连续性来划分,如图3-2所示。当某消费者被企业列为目标消费者但从未购买过其产品时,此时我们称之为"潜在消费者";第一次购买的消费者称为"新消费者";连续两次购买某品牌产品的消费者称为"偶尔消费者";连续三次购买的消费者就具有了一定的品牌偏好,不过此时是弱偏好,称之为"偏好型消费者";连续四次购买一个品牌的产品,该消费者就具有了消费习惯,称之为"习惯型消费者";连续五次以上购买某品牌产品的消费者,称之为"品牌忠诚者"。

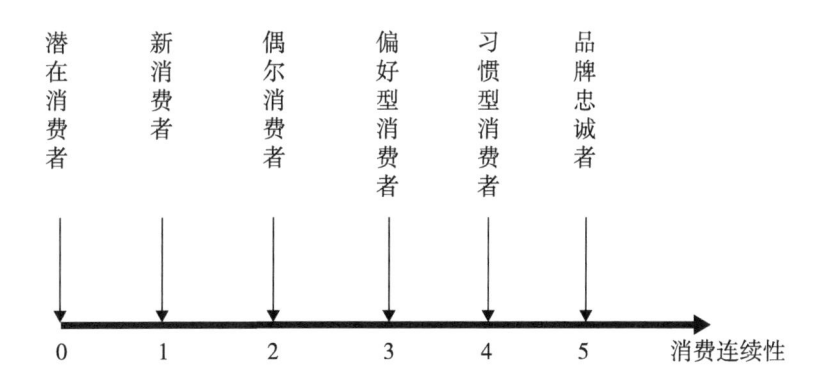

图 3-2 按消费连续性进行的消费者分类

品牌忠诚者在"消费者行为学"中的含义是"具有高重复购买频次的消费者",与情感因素无关,只看购买的重复率。我们常用品牌美誉度、品牌认知度等指标描述消费者的情感。这与顾客满意度的概念一致，顾客满意度包括"推荐与复购"两项重要因素，推荐是品牌美誉度测量的内容，而复购是品牌忠诚度测量的内容。复购是对重复购买广义的描述，因为行业差别很大，有的行业要求达到连续五次以上的重复购买，有的行业根本达不到，比如汽车行业，只要消费者第二次购买的与第一次购买的是同一品牌，就算复购，这位消费者就算这个品牌的忠诚者。

因此，图3-2所示的消费者分类并不是所有行业都适用的，是可以根据行业特点进行调整的，读者清楚其所示的含义及分类意图即可。

图3-2所示的消费者的分类其实是对消费者消费连续性的一种分类，便于进行归类分析。表3-1是百果园企业2016—2017年根据销售覆盖面的消费者统计与各项指标计算的各类消费者数据。

果园品牌消费者分类的案例

百果园企业在2016年5月和2017年5月两次委托调研机构对其品牌进行门店调研与消费者分析，表3-1是对部分结果的节选，提供给读者，使其更好地理解消费者分类意图。

表3-1 百果园品牌的消费者分类统计

截止日期	品牌知名度（%）	品牌忠诚度（%）	销售覆盖面的消费者人数（万人）	知道百果园品牌的人数（万人）	购买过百果园产品的人数（万人）	新消费者人数（万人）	偶然购买的消费者人数（万人）	具有偏好以上的消费者人数（万人）	具有强偏好以上消费者人数（万人）	忠诚消费者人数（万人）
2016.5	19.54	2.54	15846.12	3096.33	2147.89	166.73	1324.04	657.12	529.80	402.49
2017.5	34.88	1.50	23083.94	8051.68	3127.87	162.31	2164.12	803.32	574.99	346.26

①截至2017年5月，知道百果园品牌的人数＝品牌知名度×销售覆盖面的消费者人数＝34.88%×23083.94＝8051.68（万人）。

②购买过百果园产品的人数=购买百果园的比例×销售覆盖面的消费者人数=13.55%×23083.94=3127.87（万人）。

③偶然购买的消费者人数=偶然购买百果园的比例×销售覆盖面的消费者人数=9.375%×23083.94=2164.12（万人）。

④具有偏好以上的消费者人数=具有偏好的消费者购买百果园的比例×销售覆盖面的消费者人数=3.48%×23083.94=803.32（万人）。

⑤具有强偏好以上的消费者人数=（具有偏好以上的消费者人数+忠诚消费者人数）/2=（803.32+346.26）/2=574.79（万人）。

⑥忠诚消费者人数=品牌忠诚度×销售覆盖面的消费者人数=1.50%×23083.94=346.26（万人）。

再结合当年百果园企业的销售数据，如表3-2所示。

表3-2　2016—2017年百果园销售数据

总销售额（预测）（亿元）	比例（%）
67.89	100
新消费者贡献销售额（亿元）	比例（%）
0.597	0.88
偶然购买的消费者贡献销售额（亿元）	比例（%）
15.89	23.40
具有弱偏好的消费者贡献销售额（亿元）	比例（%）
14.625	21.54
具有强偏好的消费者贡献销售额（亿元）	比例（%）
14.62	21.54
忠诚消费者贡献销售额（亿元）	比例（%）
22.16	32.64

具有消费偏好的消费者人数由657.12万人增加至803.32万人，但其中具

有消费习惯的忠诚消费者人数由402.49万人下降到346.26万人。具有偏好以上的消费者人数包括具有弱偏好的消费者、具有强偏好的消费者和习惯型消费者，强偏好以上的消费者即表现为很强的主动性的老顾客，介于弱偏好消费者与忠诚消费者之间。2016年5月具有强偏好以上消费者人数大约为529.8万人，2017年5月大约为574.79万人，增加了8.49%。增加的原因是消费者总数大幅增加，但具有消费习惯的品牌忠诚者绝对数量是下降的。强偏好以上的消费者为老顾客，2016年的老顾客比率为30.59%，2017年的老顾客比率为25.62%，下降了4.97%，下降幅度为16.25%。

2017年的前8个月平均月销售额为5.68亿元，2017年全年销售额预计67.89亿元，2017年5月买过百果园产品的消费者人数为3127.87万人，按照2016年5月的2147.89万人计算，月平均增长81.67万人，至2017年12月为止，7个月的时间消费者人数将增加571.69万人，总数增加到3699.56万人。人均消费频次为5次/人，预计全年销售频次为1.850亿次。单次购买平均为36.70元/次。

①新消费者占总销售额的0.016231/1.850=0.88%，贡献销售额67.89亿元×0.88%=0.597亿元。

②偶然购买的消费者占总销售额的0.216412×2/1.850=23.40%，贡献销售额67.89亿元×23.39%=15.89亿元。

③除去新消费者和偶然购买的消费者，1.850−0.016231−0.216412×2=1.4009（亿次），具有偏好的消费者全年消费频次占全部消费频次的

1.4009/1.850=75.73%

贡献了1.850×75.73%×36.70=51.42（亿元）的销售额，具有偏好的消费者每人年平均消费51.41亿元/803.32万人=639.97元/人年。

其中具有弱偏好行为的消费者人数为803.32−574.79=228.53（万人），贡献了228.53万人×639.97元/人年=14.625亿元的销售额。

④强偏好以上消费者（老顾客）贡献了574.79万人×639.97元/人年=36.78亿元的销售额，占总销售额的54.18%。

⑤强偏好以上消费者（老顾客）当中346.26/574.79=60.24%来自品牌忠诚者，即54.18%×60.24%=32.64%的销售额来自品牌忠诚者，预计品牌忠诚者贡献的销售额是67.89亿元×32.64%=22.16亿元，强偏好消费者占总销售额的54.18%×（1−60.24%）=21.54%，即67.89亿元×21.54%=14.62亿元的销售额来自强偏好消费者。

如上可以这样理解消费者分类的用途，如果从消费者连续性分类的角度理解企业营销，那么企业营销只有两件事：其一，如何将潜在消费者变成新消费者；其二，如何增加新消费者的消费连续性，将新消费者变成品牌忠诚者。企业所有的营销工作都是围绕这两件事展开的。

另外，本讲着重于树立这样一个理念：理解消费者，重视潜在消费者，才能真正领悟到"培养消费者的认识"对于营销来说有多重要。

补充知识：网络效应

"网络效应"是经济学和商业应用中的一个常见概念，是指随着产品或服务的用户数量增加，其价值对每个用户而言也相应增大的现象。当网络效应出现时，产品或服务的价值取决于使用它的其他节点的数量。梅特卡夫定律还对这一现象做了定量解释，即网络的价值与网络规模的平方成正比。网络效应比互联网出现得要早得多，也与我们现在的网络世界没有关系，它指的是某一产品对用户的价值随着采用该产品的用户数量的增加而增大，比如第一部电话对用户的价值为0，第n部电话对用户的价值是$n(n-1)$。

当今世界，许多拥有成功产品的公司是依靠网络效应来推动用户增长、提高产品吸引力，并为竞争对手进入创造壁垒的。Facebook（脸书）可能是网络效应在实践中最典型的例子之一：随着用户与更多的朋友形成连接，他们可以访问更多的内容，与更多的人交谈，并通过他们的帖子接触更广泛的大众，如图3-3所示。

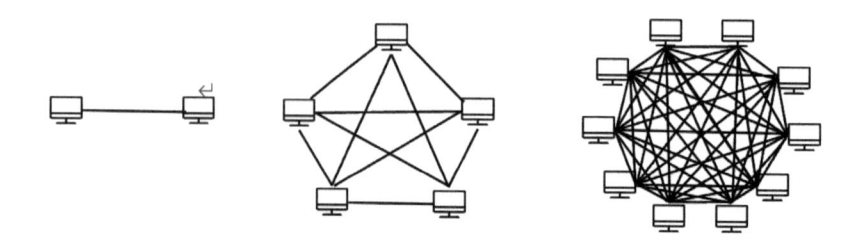

图 3-3 网络效应示意图

网络效应可以分为直接网络效应和间接网络效应。直接网络效应就是使用者人数的增多会增加其他使用者的直接价值。例如，电话系统、传真机和社交网络都会让使用者直接从网络中获益。一个典型的例子是在线游戏玩家，比如"王者荣耀"玩家获得的游戏快感是在与网络中的其他玩家合作或竞争的过程中得到的。间接网络效应是指一种产品或网络衍生品的使用增加了互补产品或网络的价值，这又反过来增加了原产品的价值。互补产品的例子包括软件（如用于操作系统的办公套件）和电子书阅读器。电子书阅读器销售得越多，人们就越是需要更多的电子书内容，而电子书内容的增加会满足更多人的阅读需求，从而让他们更愿意花钱去购买阅读器。大多数双边市场（或平台中介类市场）具有间接网络效应。淘宝就是一个既具有直接网络效应又具有间接网络效应的多边市场。

和其他任何现象一样，网络效应除了具有正面的积极作用，也会带来负效应。当有很多人使用网络时，网络的运行效率就会降低，这就降低了它的使用价值。负效应和负反馈一样，会产生平衡的力量，是对稳定的负责，它会限制网络的无限增大。比如手机通信网络，如果太多的人使用，就会产生网络拥堵，导致网速变慢，传输延迟，如果这个问题不能很好地解决，一些使用者就会离开这个网络。

第4讲
消费者决策的开始——问题认知

消费者决策过程是"消费者行为学"课程的主要框架，包括问题认知、信息收集、选择评价、实施购买、购后行为五个连续的决策步骤。从这一讲起，之后的五讲内容分别对这五个步骤展开详细讲述。本讲内容就是消费者决策过程的第一个步骤：问题认知。

一、问题认知产生商机

本讲的意义在于培养大家发现商机的能力，换句话说，消费者的问题认知环节蕴藏着商机。因为消费者在消费决策的起点存在大量被引导的可能，"哪里有问题，哪里就有商机"，说的就是这个道理。对企业来说，等消费者的消费习惯形成后再努力改变它，是一件非常困难的事，在消费者刚刚出现甚至还没有出现问题认知的时候，就开始塑造消费者对问题的认知，是最容易的，关键要看厂商能否意识到消费者的问题。因此，问题认知环节是最容易创造商机，也是创造商机最多的环节。

举个例子。在共享单车进入市场之前，为了解决"最后一公里"问题，相关单位做过各种尝试，都没能够彻底解决这个看似很小但很难解决的问题。ofo（小黄车共享单车出行平台）利用"共享"概念、并不复杂的在线支付技术以及车锁的创新解决了这个困扰公交出行的"最后一公里"问题，并一举获得了成功（见图4-1），虽然后期它不得不卷入资本并因出现重大失误而消亡，但从消费者行为学的角度分析，它仍是从问题认知发现商机的经典案例。

图 4-1　小黄车共享单车

小黄车案例是典型的从问题认知寻找商机的案例，消费者在日常出行时确实存在一种不便，也就是俗称的"最后一公里"。在大城市的公交系统中，确实存在很多微循环不畅的地方，尤其是对于那些人流量不大且出行不方便的地方，公交公司尽管努力多年，也投入了相当大的成本，但并没有解决这个问题。小黄车正是出于对这一问题的认知，才开始设计自己的产品与商业模式的。那时正好出现共享经济的苗头，小黄车的概念就是"共享"，并在车锁的设计上进行了"互联网+"的创新，这样就满足了消费者解决这一问题的产品需求，剩下的就是定价、布点投放等问题。

应该说，小黄车清楚、准确地识别了消费者的问题，并在识别问题的过程中发现了商机；但这种商机往往是隐藏在一个人尽皆知的问题中，解决的方式如果没有门槛会引来大量的竞争者，共享单车就是这样。小黄车出现后，在极短的时间内便有大批投资涌入，使得这个商机被迅速分食。

在问题中寻找商机并不难，难的是如何解决问题，以及解决问题的方式能不能成为一种难以被模仿的商业模式，对此，小黄车案例带给我们很多启发和思考。

二、消费者能意识到的问题是主动型消费者问题

上一节谈到消费者问题可以带来商机，但企业不一定都能够明确地意识到消费者问题的存在。为什么那么多消费者问题只有很少部分能成为商机？为什么企业对摆在眼前的商机似乎无动于衷？本节就来讨论这个命题。

我们先来看一下消费者问题认知的两大类型：一种是主动型，另一种是被动型。主动型认知是指消费者已经意识到问题的存在，此时企业对消费者问题的觉察是很容易的，甚至通过简单的调研就可以获知这样的问题是否存在。被动型认知是指消费者并没有意识到问题的存在，需要企业去引导、启发，甚至是有计划地宣传，引导消费者意识到问题的存在。

在上述案例中，ofo公司发现共享单车能够解决消费者的"最后一公里"问题，就是主动型消费者问题的典型。如果企业的某项创新正好能够解决消费者的某项问题，这项创新就具有成为商机的可能。这是对主动型消费者问题的基本思路，除去营销部分，"消费者行为学"中共解决了三个疑问：其一，这个消费者问题是否真实存在？其二，我们能够真的解决这个消费者问题吗？其三，怎样判断这个消费者问题能够成为商机？如果确认该消费者问题能够成为商机，并开始实施营销部分的工作，如广告策划，则应侧重对消费者说明产品的优越性，以及如何解决消费者已经遇到的问题。

消费者问题，大部分是由企业管理人员根据自己的主观臆测提出的可能存在的问题，这类问题或许存在，但不能想当然，应该通过较大范围的消费者调研、解读，科学地判断消费者问题是否真实存在。

举个例子。合肥长虹美菱生活电器有限公司（以下简称长虹美菱）的市场策划人员提出一种可能存在的消费者问题：现有的冰箱是否适合保存海鲜，消费者需要冰箱里有专门储存海鲜的空间吗？推出一款"海鲜冰箱"，消费者会认可吗？

为此，市场部门委托卓闻公司使用填呗App进行了一次全国消费者问卷调研。卓闻公司按照长虹美菱市场管理人员的意图设计了一份调查问卷，并将其投放在填呗App上，过程如下。

长虹美菱的正式调研从7月1日15∶40开始，至7月4日18∶00结束，共有1437位消费者参加调研，获得原始记录数据1199份，其中1076份为有效问卷，有效问卷率为89.74%。第一次补充调研于7月7日14∶30开始，至7月7日16∶30结束，共有234位消费者参加调研，获得原始记录数据200份，其中有效问卷183份，有效问卷率为91.50%。第二次补充调研于7月12日15∶30开始，至7月12日20∶30结束，获得原始记录数据238份，其中有效问卷188份，有效问卷率为78.99%。

系统采用填答时间、重复一致性等方法对记录数据进行质量监控，并进行人工抽样检测、筛选，清洗后的消费者填答信息符合调研要求，记录数据为本次长虹美菱专储冰箱需求调研的有效问卷量。

正式调研男女比例为565∶511，年龄段分布在18~65岁，采样用户区域遍及除西藏、港澳台地区之外的全国其他省份，达到了随机样本的要求，支持如下解读内容的有效性。

（注：正式调研问卷第一题的设计为"您是否经常购买海鲜产品"的跳转题目，选择"否"的消费者结束答题，不记录消费者填答信息。）

市场部门对调研的统计结果进行适度解读，解读结果如下。

a.研发"多门、多功能隔区"是符合当下消费者对冰箱关注点变化的趋势的。

b.海鲜冷藏是冰箱使用功能的重要项,但海鲜专储冰箱可能会面对使用量大的消费者不够用,转而被冰柜等专储设备代替,而使用量小的消费者用量不够,产生空置和浪费的结果。存在这一可能的预期结果,会影响营销诉求发挥作用,增加消费者接受和诉求传播的难度。

c.消费者对冰箱的使用功能已经形成习惯,传统冷藏、保鲜的分区习惯很难在一个概念上发生深刻变化,建议长虹美菱从改变消费者生活方式的角度研发新款产品。

如上案例是一个典型的确认或否认消费者问题的案例。消费者问题一般由市场人员提出,通过专业调研,进行适度的解读和论证即可科学地判断出这一消费者问题是否真实存在。能够被消费者明确意识到的问题,绝大多数都已经被企业发现并关注了,为数不多的问题是消费者意识到且充分表现出需要,但企业不关注的问题,主要原因可能是经济性不够,或是投资金额过大或回收周期太长等而不具有盈利性,还可能是技术达不到彻底解决问题的程度。无论是何种原因,解决消费者主动型问题一般都需要创新,包括营销模式创新、技术创新等,这都要求企业具有极高的创新能力。

然而,并不是所有的消费者问题都能够成为商机,即不是所有消费者问题的解决都能使企业获得利润。企业经营的情况非常复杂,一个消费者问题要想成为商机是需要很多条件的,比如时机,太早了不行,太迟了也不行,要恰到好处地出现。一个主动型消费者问题需要一个盈利的商业模式支撑,这就要求企业不但能够解决消费者问题,还得经济地解决消费者问题,前几年出现的无人零售就是这样一个典型案例。

2017年无人零售市场火爆异常，很多商超预感到一个新零售时代的到来，有30余家公司获得了超过30亿元的融资。到2018年，无人零售市场却迅速冷却。行业风云突变，头部企业猩便利、果小美（成都果小美网络科技有限公司）等迅速遭遇了不同程度的困难，很快出现撤柜、裁员，甚至关店的现象，以至于在2018年到2022年之间，无人零售见诸报端的消息稀少异常。

短短几个月的时间，行业产生如此两极的变化，这完全出乎资本、商超和厂家的意料。如果从"消费者行为学"的视角再度审读这个案例，这可能是最为典型的一次整个行业误判商机的案例了。零售业的人力成本不断上升是困扰商超经营者的主要问题之一，为此行业普遍认为，可以通过技术创新使智能机器替代传统的人力岗位。这个途径貌似合理，但其是否符合成为商机的要求，还要看其是否具备经济性等其他条件。现实是无人零售的投入远高于人力成本，不具有经济性的弱点使其根本不能成为商机。

上述案例中，尽管商超有解决人力成本问题的需求，也有技术能力予以解决，但因为不具有经济性，无法形成盈利模式，最终没有成为商机。除了经济性，消费者问题能否成为商机还有很多条件约束，如充裕的资金保障，相关产业的协同能力，相关政策是否允许，等等，可见，判断商机是一件非常复杂的事。

三、被动型消费者问题怎样变成主动型消费者问题

被动型消费者问题是指消费者并没有意识到，而是由厂商提出并引导消费者逐渐意识到的问题。相对于主动型消费者问题的直接认知，被动型消费者问题是间接认知，企业的首要任务是使消费者意识到问题的存在，并提醒其该产品是解决问题最有效的办法。只要是消费者能够认识到的问题，就能成为一种现实的或潜在的需要，当消费者有能力支付（或解决），该消费者问题就有可能成为企业的商机。

主动型消费者问题易于发现，能够留到现在仍未被解决的问题，通常都是难以解决或不能成为商机的问题，被动型消费者问题才是真正蕴藏大量商机的地方。现在的营销人员在谋划设计产品的时候，通常都是从被动型消费者问题入手，不再寻求如何满足消费者的需求，而是关注如何引导消费者。

亨利·福特说过："如果我最初是问消费者他们想要什么，他们应该会告诉我，'要一匹更快的马！人们不知道想要什么，直到你把它摆在他们面前'。"乔布斯也表达过"我们的责任是提前一步搞清楚他们将来想要什么"之类的看法。很多企业家都有类似的认识，营销的关键不仅在于要满足消费者需求，更在于引导消费者需求。

"消费者行为学"中消费者问题与当代营销思想的变迁完全一致，当代营销思想从满足消费者需求变迁到引导消费者需求，消费者问题也从以主动型问题为主变迁到以被动型问题为主，尤其是在市场发达地区体现得更为明显，渐渐形成了"渗透—导入"的营销模式，其逻辑分为两个阶段：首先是通过

宣传观念将概念渗透给消费者，努力将被动型消费者问题演变成主动型消费者问题；其次将寻找解决这一问题的消费者决策变成名义决策。归纳起来，这种"渗透—导入"营销模式从消费者视角来看被称为"挖掘被动型消费者问题产生的商机"。下面以Schering Plough（先灵葆雅）防晒霜品牌的营销模式为例，我们来看看如何将被动型消费者问题转变成主动型消费者问题。

1995年之前，全世界都没有播报紫外线指数的气象节目。消费者对紫外线伤害皮肤也没有什么认识，防晒霜的使用并不普及。Schering Plough公司通过调研非常清楚地认识到，消费者对使用防晒霜的好处一无所知的原因是消费者无法主动意识到紫外线给皮肤带来的伤害，这是个被动型消费者问题，需要企业做好宣传以启发消费者，但正面科普宣传的作用不大。为此，Schering Plough公司联合美国国家气象中心、环境保护署、疾病控制与预防中心及其他一些组织共同努力，在1995年将紫外线指数列为当地天气预报的内容之一。配合着大量广告、科普节目的宣传，很快让消费者意识到皮肤癌与紫外线的强相关关系，并开始关注紫外线指数。一年之后的统计数据显示，在播报紫外线指数的城市，有70%以上的居民了解了当地紫外线的侵害程度，防晒品的销量大幅上升。

这是典型的"被动变主动"的案例，通过启发渗透消费者认知，让潜在消费者意识到了问题的存在，后期再通过大量投入，启动并做大了市场；但启动被动型消费者问题是有风险的，很容易成为行业"公益活动"，投入最多的企业不一定能获得收益，很有可能被后来者夺取市场。这就要求企业在渗透成功后尽快实施第二步"导入"，企业既要让消费者知道问题的存在，又要让消费者相信本企业所提供的产品或服务可以解决这个问题。这个时候企业不能只提供行业已有的产品，必须用创新产品将品牌植入消费者心智，于是Schering Plough公司专门研发了tear free和water free两款新产品。tear free是一款专门给孩子设计的防晒产品，water free是一款专门在游泳时保持长时间有效的防晒产品。很快，这两款子品牌的产品就把防晒品的两个重要的细分市场牢牢占据了，反过来又提高了母品牌Schering Plough其他产品的市场占有率。当消费者都知道应该防晒，而且特定场景使用的防晒产品与品牌一起出现时，如何防晒就成为消费者的主动问题，该品牌的产品也会成为解决这一主动型消费者问题的有限决策，如果其他品牌没有及时跟进，先入为主的品牌很快就能成为名义决策。

当然，被动型消费者问题转变为主动型消费者问题可能会是一个漫长的过程，需要清晰地分析和界定不同细分群体的具体诉求，还要令人信服地向消费者说明自己的产品有多优越，新颖地解决消费者认识到的问题。当然，这个问题也不完全是凭空想象的，要有足够的前瞻性，还要顾忌现实需要，这是一把"双刃剑"，过分超前的引导可能会很吸引人，但往往会因为不具有现实需要，使得已经转变为主动型的消费者问题无法转为商机。

补充知识：影响问题认知的因素有哪些

消费者理想状态与实际状态之间的差距是产生问题认知的必要条件，影响消费者问题认知的因素有很多，包括时间、经济状况、参照群体、社会阶层等。

（1）时间。消费者对产品的需求会随着年龄的增长而发生变化，在生命周期的不同阶段，相应地对产品的需求也会不同。例如，在幼年期，需要婴儿食品、玩具等；而在老年期，更多是需要保健和延年益寿产品。

（2）经济状况。经济状况的好坏、收入水平的高低对消费者的购买行为有直接的影响，人们的消费心理和购买模式往往会随着经济状况的变化而变化。不同的收入水平，决定了不同的购买能力，决定了需求的不同层次和倾向。

（3）参照群体。参照群体对消费者购买行为的影响，主要表现在三个方面：首先，参照群体为消费者展示出新的行为模式和生活方式；其次，由于消费者有效仿或反对其参照群体的倾向，因而消费者对某些事物的看法和对某些产品的态度也会受到参照群体的影响；最后，参照群体促使人们的行为趋于一致化，从而影响消费者对某些产品和品牌的选择。

（4）社会阶层。社会阶层是指一个社会中具有相对同质性和持久性的群体，它们是按等级排列的，每一阶层的成员都具有类似的价值观、兴趣爱好和行为规范。消费者往往会把产品的品牌或服务与特定的社会阶层联系起来，许多产品是针对特定社会阶层而设计的。工薪阶层的消费者通常从实用的角度评价商品，而中上阶层的消费者更看重产品的风格和时尚性。

第 5 讲

消费者是怎样进行信息收集的

信息收集是消费者决策过程的第二个环节，先来谈谈信息收集的普遍意义吧。在经济学中有一个重要的假设——信息对称假设，意思是交易中买卖双方对信息的掌握是一样多的，经济学中的所有研究都遵循这个前提，但现实生活中，由于买卖双方之间信息不对称，也就导致"买的不如卖的精"的现象。

决策需要信息来支持，没有足够的信息很难做出正确的决策。一般来说，收集到的有效信息越多，消费者的决策质量就越高。消费者的消费行为也是由若干决策组成的，如决定买哪些商品，决定买哪个品牌的商品，决定在哪里买，等等。这一讲就来谈谈消费者为了做好消费决策是如何收集这些有用的信息的。

一、消费者信息来源

消费者信息，在交易中很大程度上可以等同于买方信息。消费者信息的多少是相对于卖方而言的，在交易中，卖方就是厂商。我们在"消费者行为学"中所谈及的消费者信息，从传统的经济学理论来看可以约等于买方（消费者）相对于卖方（厂商）的信息。

厂商有很大一部分利润是来自信息的不对称。为什么"买的不如卖的精"？那是因为买方的信息不如卖方多。买方不知道产品的真实成本是多少，也不知道产品有什么瑕疵，但卖方对此是非常清楚的。就产品信息而言，卖方的信息远远多于买方的信息。这种信息不对称给予卖方的优势普遍存在，卖方在交易中会因此获得相应的信息利润。

确切地说，信息是降低不确定性的东西，不确定性是不可度量的风险。放在经济学里说，市场当中的买卖存在交易风险，这个风险是可以通过增加信息量降低的，而且缺乏信息带来的风险是由买方承担的，为此，对买方来说积极获取信息是降低交易风险的主要途径。作为买方角色的消费者，就有获取信息的必要了。当然，买方也有很多获得信息的经验和方法，比如"货比三家"，"二次招标"，等等。这些都是买方通过付出信息搜寻成本获得足够的信息以降低交易风险的做法。

消费者信息可以说是企业经营中至关重要的因素，是买方意图获取而卖方极力保持不对称优势的资源，也是影响消费者消费行为的决定性因素之一。一般来说，能够影响和决定消费者行为的因素都可以称为"信息"，比如品牌、广告这些常规的经营工具，其本质上也都是信息，深刻地理解信息的概念对于理解消费者行为很有帮助。

消费者信息按照来源不同可划分为内部信息与外部信息。内部信息又称为"记忆信息"，是消费者的内生信息来源。内部信息又可进一步划分为主动获取和被动获取两种类型。主动获取分为过去收集和个人经验，被动获取主要来自低介入度学习。外部信息是指消费者的外生信息来源，此类信息全部来自主动获取，包括个人来源、公共来源、商业来源、经验来源。归纳起来，整个信息来源的分类如图5-1所示。

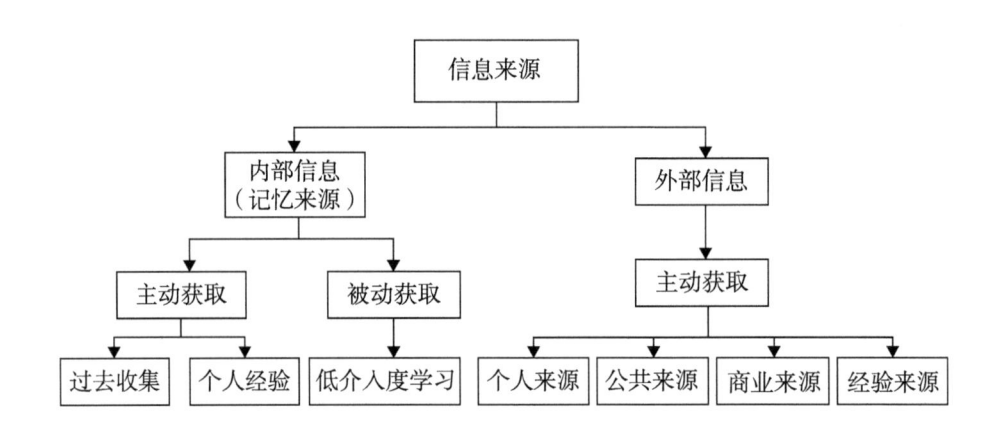

图 5-1　消费者信息来源的分类

图5-1清楚地把消费者信息来源渠道做了分类，其内涵也都是字面意思，非常好理解。比如外部信息的公共来源，意指消费者记忆之外的信息，对消费者而言是新信息，而且是来自公共管理部门的信息（对消费者信息来源进行分类是为了便于我们进行归类研究，通晓这些知识点的术语是为了与同行进行交流，这些确定的分类、术语构成了一个学科的范式，消费者行为学也不例外）。

二、消费者信息的意识域

消费者对信息的搜寻是消费者进行消费决策的重要步骤，在"消费者行为学"中，信息收集里有一个重要的知识点——关于消费者信息的意识域。消费者信息的意识域是消费者内部信息主动获取而来的个人经验以及过去收集的信息被记忆、归纳、总结等反复加工形成的信息集合。信息域覆盖了消费者内部信息中主动获取的全部信息，是对消费者影响最大、最深刻的信息。例如，某消费者早年曾买到某品牌的假冒产品，这个负经验形成的信息使他很多年都未再尝试过购买该产品。

消费者个人的信息集用品牌归类进行阐述最为清楚。于是，有些教材把这个信息集称为"消费者的品牌意识域"。某类产品或某个行业的所有品牌称为"全部品牌域"，对某个特定消费者而言，这些品牌分为"他知道的"和"他不知道的"两大类，"他知道的"称为"意识域"，而"他不知道的"称为"未意识域"，如图5-2所示。

处于未意识域的品牌对消费者还没有任何影响，可以说是暂时无意义的，绝大多数品牌都处于消费者的未意识域。处于消费者意识域的品牌相对于处于其未意识域的品牌是极少数，因为消费者的记忆量是非常有限的，比如，我国有上千个奶业品牌，但能够进入普通消费者意识域的品牌平均不到10个。一个品牌进入某消费者意识域，从品牌管理的角度来看就是消费者知晓该品牌的结果。一般厂商通过广告传播或公共关系活动令消费者知晓品牌的名称，就是品牌进入消费者的意识域中，品牌即获得一定的知名度。

```
全部品牌域 ┬ 意识域 ┬ 激活域——消费者在购买决策中积极考虑和评估的少数产品和品牌的集合
           │       ├ 惰性域——被认为无差别的产品或品牌的集合，消费者对其品牌无动于衷
           │       └ 排除域——消费者不能接受的产品或品牌
           └ 未意识域
```

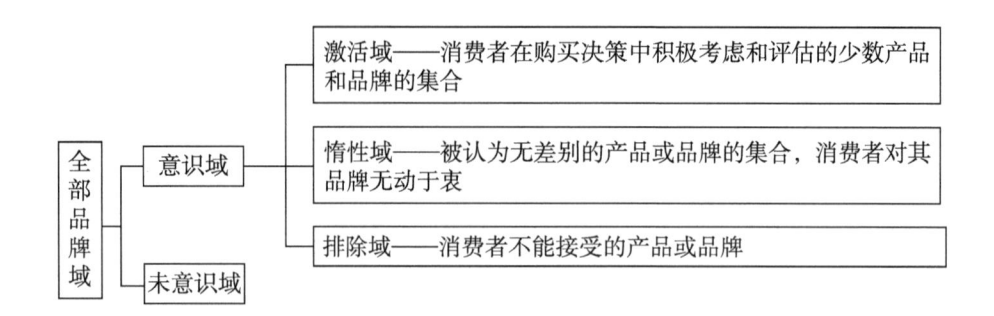

图 5-2　消费者的品牌意识域的分类

意识域中最为宝贵的是激活域，因为它是消费者在购买决策中积极考虑和评估的少数产品和品牌的集合。如在上千个奶业品牌当中，能够进入消费者激活域的品牌一般不会超过7个。对于新消费者而言，意识域与激活域是重合的，只是随着消费者的消费次数连续增加，消费者的体验和认识越来越深，掌握的信息也越来越多，意识域逐步扩大，激活域缩小。随着消费者品牌忠诚度的增强，激活域的规模逐渐变小。在意识域当中，大部分品牌被消费者认为是无差别的产品或品牌集合，消费者对其品牌无动于衷，这部分品牌域称为"惰性域"，处于惰性域的品牌对消费者没有什么影响或影响很小。尽管消费者可能对该品牌也有一定的了解，但仍然没有消费它的动机。

还有一部分特殊的品牌，消费者不仅对其无动于衷，甚至可能无法接受该品牌的产品，也就是消费者非常反感这个品牌，不仅自己不会消费，甚至会出现负面自传播，影响其他消费者，这部分品牌就处于消费者脑海中的排除域。

消费者内部信息收集的品牌，都可以归类在意识域与未意识域当中，其中意识域分为激活域、惰性域、排除域三个类别。厂商最希望看到的就是自己的品牌能够深深地根植于所有消费者的激活域当中，但对于大部分消费者而言，激活域要远远小于意识域。这也就是品牌之所以这么珍贵，又这么难

做的原因所在。

我们以消费者小李对啤酒品牌域的变化为例,来看看消费者是怎样收集信息的。市场上有数以千计的啤酒品牌,小李知道的就有百威、雪花、青岛、燕京、科罗娜等十几个啤酒品牌。在购买时,他首先考虑的通常是百威、科罗娜、雪花3个品牌,这就是小李激活域中的啤酒品牌。那些小李讨厌的、一定不会买的品牌就是存在于小李脑海中排除域的品牌,比如小李反感的1664、青岛等啤酒品牌。除此之外,市面上还有许多小李无感的啤酒品牌,小李对这些品牌没有强烈的喜欢或反感的情绪,这也就是存在于小李的惰性域的啤酒品牌,比如乌苏、燕京、喜力等啤酒品牌,如图5-3所示。

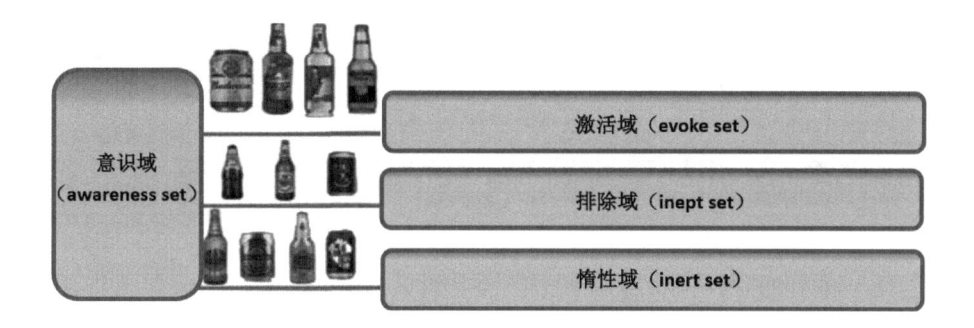

图5-3 各啤酒品牌在小李意识域中的分布

三、从消费者信息阈的视角做目标市场的决策

处于消费者激活域的品牌在进行营销决策时往往能掌握主动权，营销针对名义型决策、有限型决策和扩展型决策分别使用保持策略、捕获策略和偏好策略。其中，名义型决策无须进行信息收集，有限型决策要求消费者收集有限的信息，而扩展型决策需要消费者广泛地收集信息，如表5-1所示。

表5-1　目标市场决策机制

决策 品牌	名义型决策	有限型决策	扩展型决策
激活域中的品牌	保持策略	捕获策略	偏好策略
非激活域中的品牌	瓦解策略	拦截策略	接受策略

这一部分内容在市场营销学中讲得很细致，而那些不在消费者激活域的品牌，往往会被忽略，这些品牌是不是就走投无路了呢？当然不会。营销者有的是办法让品牌走进消费者的激活域。针对名义型决策、有限型决策和扩展型决策，营销者通常会分别使用瓦解策略、拦截策略和接受策略，最为常见的是瓦解策略，即瓦解消费者现存的认知及决策模式。下面我们通过一个案例来看看营销者是怎样瓦解消费者的原有决策模式的。

农夫山泉上市前，国内瓶装水市场上只有"乐百氏"和"娃哈哈"两个瓶装水品牌，这两个品牌构建起来的消费者认知是：水是越纯净越好。为此，农夫山泉就从广告语开始，瓦解消费者的认知，水不仅具有解渴功能，还有

更高层次的体验功能，"农夫山泉有点甜"的广告语采用的就是典型的瓦解策略，它瓦解了人们对饮用水口感的固有认知。

通过一段时间的高密度广告投放，消费者意识到对水的选择不再是越纯净越好那么简单。于是，农夫山泉又开始将水与生命联系在一起，瓦解了消费者对水质的认知；再增加品牌的公益性质，刻意将消费者普通的买水消费行为变得具有意义，从而进一步瓦解人们对瓶装水的认知。

在农夫山泉的不断努力下，消费者对水的固有认知发生了根本变化，动摇并打破了坚持原有观点的"乐百氏"和"娃哈哈"两个品牌垄断瓶装水市场的局面，从而瓦解了瓶装水市场的品牌格局。农夫山泉这种以不断瓦解消费者认知和决策的营销模式改变品牌格局的路径，解决消费者名义型决策中的非意识域的品牌进入意识域的方式称为"瓦解策略"。

补充知识:"买的不如卖的精"——信息不对称

人们常说"买的不如卖的精",这是因为相对于消费者,商家掌握更多的关于质量、成本等产品信息,也就是说,买卖双方之间存在信息差。为了获取更多信息、选择最合适的商品,消费者经常采取"货比三家"的策略。买卖双方的这种信息差也可以称作"买卖双方的信息不对称"。信息不对称是指在市场经济活动中,各类人员对有关信息的了解是有差异的,掌握信息比较充分的人员往往处于比较有利的地位,而信息贫乏的人员处于较不利的地位。

信息不对称理论认为,市场中卖方比买方更了解有关商品的各种信息,而掌握更多信息的一方可以通过向信息贫乏的一方传递可靠信息,从而在市场中获益;买卖双方中拥有信息较少的一方会努力从另一方获取信息,市场信号显示在一定程度上可以弥补买卖双方信息不对称的问题。

信息不对称现象存在于人们日常生活中的方方面面。例如,在二手车交易市场,卖方对车辆的状况有更全面的了解。相反,在购买保险时,买方对自己身体状况的了解程度要超过保险公司。需要注意的是,信息不对称可能会导致市场失效。例如,在二手车交易市场中,卖方可能会利用信息优势销售质量较差的车辆,导致高质量车辆逐渐被驱逐出二手车交易市场。为了降低信息不对称可能带来的交易风险,可以采取增加市场透明度、加强法律法规监管、设立第三方评估机构等措施来保护买卖双方的利益。

第6讲

怎样影响消费者的理性判断

营销的难题是怎样给消费者树立一个评价产品的标准。宽泛地讲，标准是竞争的最高级形式，我们听说过这样一段描述："三流企业做产品，二流企业做品牌，一流企业做标准。""一流企业做标准"的意思并不特指企业一定参与了国家标准或行业标准的制定，企业在营销竞争中，还有一种标准比国家标准更有影响力，那就是消费者自发形成的心里的标准，它在消费者消费的全程中起到支配作用。这个过程用"消费者行为学"的术语来表达就是"改变消费者选择评价的标准"。

一、消费者的理性判断

"评价和比较"是消费者做决策时表现出的理性判断行为,市场营销称之为"消费者的理性判断"。参与度较高的消费决策一般都会发生这样的理性判断,"消费者行为学"里将其统称为"消费者评价"。

严格地讲,在消费者消费决策中遇到有一个属性或一个维度的判断时,称之为"比较",而有两个及以上属性或维度的判断才称之为"评价"。比如,我们只想判断一下两个人谁高,那只需要两个人站在一起比较一下就能判断出来,这个判断就称之为"比较";而想要判断一下两个学生谁更优秀恐怕就不能用一个属性来做决定了,比如成绩的高低是一个属性,发表论文的多少也是一个属性,两个属性以上的事或物,就不能用简单的比较来判断优劣了,只能依靠评价来进行判断。消费者面对的产品绝大多数都是由多重属性构成的,比如价格、质量、包装、新鲜度等,这种对产品的多种属性进行的判断,称为"多属性评价"或"多目标评价"。多属性的科学评价是很难的,这种评价的科学性不足是先天的,好在消费者有很多途径来简化评价,甚至能把"评价"变成"比较"。

这一讲的重点就是研究消费者形成理性判断的过程,并了解营销者是怎样通过改变消费者的选择评价来影响或引导消费者的理性判断的。

二、消费者的评价是怎样形成的

费舍宾在1963年提出的费舍宾模型（The Fishbein Model）亦称为"多属性态度模型"，该模型的研究发源于美国，现已被广泛用于解释产品的购买行为。费舍宾认为，某一客体或行为的态度是由下面两个要素组成的：一是消费者对于购买该产品的态度，即自我认知；二是消费者认为其他人对该产品可能有的态度，即从众心理。根据费舍宾模型，消费者对于某产品的态度定量评价为，该产品各属性的重要程度与消费者对所有品牌各属性的评价值的乘积之和。

该模型涉及的变量分别是：A_0、B_i、W_i、n。

$$A_0 = \sum_{i=1}^{n} B_i W_i$$

A_0：代表消费者对待品牌的总体态度。

B_i：代表消费者对待品牌拥有的第i个属性的信念强度。

W_i：代表消费者对属性i的重视程度。

n：代表品牌具有的属性的数量。

先来看一个案例。小赵同学想要在学校附近办一张健身卡（问题提出），她先收集了一下周边健身房的信息（信息收集），然后开始进行决策前的理性判断（选择评价）。我们重点来看一下她的选择评价过程。

小赵收集来的信息包括米贝、星海、自在、龙鹏4个健身房的路程远近、年卡价格、环境风格、器材设施、教练水平等信息。她对健身房进行选择的依据就是这5个考虑因素，也就是费舍宾模型中提到的"属性"。她首先根据自己对这5个属性的态度（重要程度）进行赋值。小赵住在学校宿舍，想找一个距离学校路程不太远的健身房，因此对"路程远近"这一属性赋予了10分，以此类推，分别对各个属性进行赋值。然后通过实地考察、深入了解后根据实际情况在表格中填写各健身房属性的分值，最后根据费舍宾模型计算公式得出各品牌健身房的总分，即完成决策过程，如表6-1所示。

表 6-1 小赵健身房俱乐部的选择评价

属性	重要程度	米贝	星海	自在	龙鹏
路程远近	10	7	9	8	6
年卡价格	9	5	7	6	8
环境风格	8	9	7	9	7
器材设施	8	7	8	7	8
教练水平	6	9	6	7	8
总分		297	309	304	300

消费者可以利用费舍宾模型做出自己满意的决策，同样，商家也可以利用费舍宾模型开展营销。

（1）充分利用相对优势。

俗话说："知彼知己，百战不殆。"作为卖家更应该清楚自己的优势和短板，并充分利用自己的相对优势吸引消费者。比如4家健身房中，米贝的教练水平最高，那么在宣传中米贝就可以抓住自身的优势，告诉小赵同学这样的健身"小白"："教练水平比你想象的要重要得多，一个好的健身教练不仅能够帮助你避免发生运动损伤，还能让锻炼达到事半功倍的效果。"

（2）影响竞争对手评价。

假如消费者已经有所倾向，卖家也可以在了解消费者的想法后"瓦解"竞争对手的优势，使消费者改变态度。比如，小赵对星海健身俱乐部青睐有加，这时候自在健身俱乐部如果想要拉小赵加入自己，就可以这样沟通："我们这个店是前年新开的，你看店里的装修风格是当下最流行的，拍照会显得特别高级，而且在优美的环境里健身心情也会变得更好哦。"

（3）增加新属性，强化可察觉的产品属性关联。

在本案例中，小赵是价格敏感型顾客，为了吸引这类消费者，价格较高的自在健身俱乐部可以推出连续打卡返会费等促销活动，通过间接降价的方式来吸引消费者。

三、消费者决策类型

"消费者行为学"将消费者决策的类型归纳为三种，即扩展型决策（extended decision making）、有限型决策（limited decision making）、名义型决策（nominal decision making）。

扩展型决策是指当消费者对某类产品及这类产品的具体品牌不熟悉，而且未能建立对该品牌的评价标准时所进行的决策，这是最复杂的消费者购买决策方式。消费者会因为对品牌不熟悉而导致大量的信息收集活动、对决策后果的怀疑及复杂的反复评价，这一系列活动导致高水平的购买介入度。例如，在购买房屋、建筑物或汽车时，消费者进行的就是扩展型决策。

有限型决策通常是指消费者对某类产品有了一定程度的了解，或者对这类产品如何选择建立起一些基本的评价标准，但还没有发展起对某些特定品牌的偏好，因此还需要进一步收集信息，以便在不同的品牌之间做出比较理想和满意的选择。有限型决策的购买介入度介于扩展型决策和名义型决策之间。例如，消费者在购买卫生纸、牙刷等日常消耗品时，会比较不同品牌产品的价格，然后选出最合适自己的品牌进行购买。

名义型决策实际上并未涉及决策过程。某个消费问题被意识到之后，经过内部信息收集，消费者脑海里马上浮现出某个偏爱的产品或品牌。例如，当你想喝饮料时，会直接选择王老吉或健力宝，而不会想去购买其他品牌的饮品。名义型决策又可以进一步分为两种类型，即品牌忠诚型决策和习惯型决策。品牌忠诚型决策是指消费者对某品牌形成了感情上的忠诚和依赖。例如，小王在选择购买保温杯时具有很高的购买介入度，收集了很多不同品牌的信息并最终选择购买"膳魔师"保温杯，之后在选择购买同类型产品时，由于对产品的喜爱而产生对该品牌的忠诚和依赖，因而会继续购买"膳魔师"品牌的产品，而不会考虑其他品牌。习惯型决策是指消费者习惯于购买某品牌的产品，认为各品牌的同类型产品没有太大差别。与忠诚型决策的消费者根本不考虑选择其他品牌不同的是，当出现其他品牌有更优惠的价格或其他优势时，习惯型决策的消费者会转而购买其他品牌的产品。

比如，同学们到校外选择饭店吃饭，面对海量的可选对象，是扩展型决策类型；在校内选择饭店则可选对象非常有限，这是有限型决策；而虔诚的回族同学在校内的可选对象只有一家清真食堂，所以他的决策其实没有可选余地，是典型的名义型决策。

这三种类型的决策分别具有哪些特点呢？我们该如何区分这三种类型的决策呢？在"消费者行为学"中主要通过以下5个要素来总结三种不同决策类型的区别：①在消费者介入程度上，名义型决策具有低消费者购买介入度，扩展型决策具有高消费者购买介入度；②在决策制定时间上，名义型决策的决策时间很短，扩展型决策的决策时间很长；③在所购产品或服务类型上，名义型决策对象的特点是经常购买的、低成本的，扩展型决策对象的特点是不经常购买的、昂贵的；④在信息收集的程度上，名义型决策进行很少的信息收集活动，扩展型决策进行大量的信息收集活动；⑤在思考替代方案的数量上，名义型决策的替代方案的数量有限，扩展型决策的替代方案的数量很多。在上述5个要素中，有限型决策介于两者之间，处于中等水平。

厂商竞争的结果是走向垄断，从消费者视角来看，就是将消费者的决策全部变成名义型决策的过程。从商家的视角来看，获得消费者名义型决策是自己最希望看到的结果，也就是消费者在想要做出某产品的购买选择时，脑海中首先浮现出的就是自己的品牌，并因此产生多次重复购买行为。

补充知识：帮助消费者建立选择标准

消费者选择类型一般包括基于情感的选择、基于态度的选择及基于属性的选择。基于情感的选择强调总体，很大程度上或完全取决于消费者对产品或服务的即刻的情感反应。消费者通过想象使用该产品或服务的情境对产品或服务进行评价。基于态度的选择包括根据一般态度、总体印象或直觉做出的选择，在选择时并不需要一一比较。基于属性的选择要求在选择时消费者具有关于备选方案特定属性的认知，且需要对品牌的各属性进行比较。相对于前两种类型的选择，基于属性的选择往往需要消费者付出更多的时间和精力。

对于产品的价格、大小、颜色等属性消费者很容易进行判断，但如果除此之外还要考虑产品质量、品牌、健康等因素，消费者对商品进行整体评价并做出选择是有一定难度的。营销者可以通过广告或定位于特定的使用情境影响消费者对不同产品属性相对重要性的判断，以此使消费者青睐自己的品牌。

对于新品牌或行业知名度不高的品牌而言，可以通过提高购买介入度让习惯性购买某一品牌的产品的消费者重新考虑自己的购买选择，并以此为契机占领消费者脑海中的激活域，同时让消费者用这套标准筛掉其他的品牌，也就是通过教育消费者，让他们建立选择消费的决定性标准。

举个例子。汤达人自2008年年底上市以来十分注重品质和健康，打出

"好面，汤决定"的广告语，告诉消费者"汤"是决定泡面选择的最重要标准之一。这与当时消费者脑海中的"泡面不健康，泡面汤更不能喝"的理念背道而驰，汤达人以此将自己与其他泡面品牌区分开来，给消费者留下了深刻印象，顺利打入市场。

第 7 讲

让消费者冲动起来

理性购买是一种理想的交易状态，占据性价比优势的厂商特别希望消费者能够理性地评价它与竞争者，而处于相对劣势方的厂商一般不希望消费者做出理性评价，消费者不可能也没有必要对所有需要购买的商品都保持理性，毕竟一个人的精力是有限的。这就给劣势厂商留下了模糊消费者评价的可能，消费者模糊评价就会趋于感性认知，继而出现冲动购买、无计划购买等不理性的消费行为。消费者的不理性不仅对处于相对劣势方的厂商有利，对优势厂商也有好处，所以任何厂商都希望自己的目标消费者不要太精明。

一、有限理性消费者

亚当·斯密在《国富论》中提出"经济人"假设，认为人具有完全的理性，可以做出让自己利益最大化的选择。直到1978年诺贝尔经济学奖得主西蒙才修正了这一假设，提出"有限理性"的概念。该概念认为，由于社会信息日趋复杂，人不能通过获得所有需要的信息来做出最优选择，只能依据经验做出有限理性的选择，人是介于完全理性与非理性之间的"有限理性"状态。

决策者很难获得与决策有关的全部信息，也不太可能制定出所有可能的方案，更无法准确预测每个方案在未来的执行结果，因此在决策过程中遵循的是满意原则而不是最优原则。同样地，消费者在大多数购买过程中也无法做到真正的理性，只能达到有限理性状态，在做出决策时很容易被商家引导。比如，面对超市或商场举办的"买一送一""全场半价"等促销活动，消费者很难冷静下来思考自己是否真的需要某件商品，很多时候是"头脑一热"就做出了购买决定。再如，回想一下你的衣柜里是否有一次也没有穿过的衣服？可能在试穿的时候自己并没有很喜欢这件衣服，但在售货员"这件衣服简直是为你量身定制的""这件衣服显得你身材特别好"等夸奖和恭维中逐渐迷失了自我，买下了自己原本并没有打算购买的衣服。

在当前的生活中充斥着大量的信息，干扰消费者做出最符合自己经济利益的决策的因素变得更多了，其影响力也更强了。比如，商场橱窗里的模特、商店门口热情地与你打招呼的服务员、高人气明星代言的广告等因素共同干扰着消费者的决策。根据信息过载理论，人类的记忆和信息处理能力是有限的，如果在所处的环境中接收的信息量远远超过可承受范围，大量冗余信息就会干扰其对相关有用信息的准确分析和选择。可能产生的后果包括注意力下降，决策质量受损，沟通效果减弱，学习效果降低，等等。在消费市场中体现为消费者耐心降低，分辨能力下降，进而难以做出理性或满意的购买决策，这也就不难理解为什么通信行业、餐饮行业会出现五花八门的套餐方案了。

二、冲动性购买与无计划购买

在早期的市场营销文献中,冲动性购买行为被定义为"非计划购买"。这样的定义虽然便于操作,但不能准确反映冲动性购买行为的本质。后来随着研究的不断深入,学者对这一定义不断进行修正。目前,对于这一概念,虽然各个学者的表达有所不同,但都倾向于认为冲动性购买是一种突然、难以抵制且带有享乐性的复杂购买过程,在该购买过程中购买决策制定迅速,没有细致、深入地考虑所有相关信息及其他可能的选择。在冲动性购买过程中,消费者往往会感受到一种突然、意外的冲动购买驱力,这种冲动的购买驱力往往是强烈的、执着的,有时甚至会使消费者觉得不可抵制。

无计划购买是指消费者在商场的环境中购买了事前没有计划购买的产品。虽然无计划购买不一定是冲动性购买,但冲动性购买肯定具有无计划性。换句话说,无计划性是冲动性购买的必要非充分条件。

举个例子。小张某天在商场看到了一个限量版的奢侈品包包,虽然包的价格对刚参加工作的小张来说过于昂贵,但她觉得这是一次难得的机会,于是在售货员的劝说下刷信用卡买了这款包包;然而,购买后她发现自己并不是真正需要这款包包,只是被其限量版和品牌名声所吸引而产生了冲动性购买行为。

小王吃过晚饭后去超市买洗衣液,看到超市的牙膏正在进行促销活动,想起自己家的牙膏好像也快用完了,因此购买了一支牙膏,这就属于一种无计划购买行为，而非冲动性购买行为。

由此可见，消费者的冲动性购买往往伴随着一种强烈的情绪失控以及对产品欲罢不能的占有欲。当消费者看到喜爱的产品时，除了感受到一股强烈的购买驱动力以外，同时会经历自我沉溺与自我控制之间的情绪冲突，当情感压倒理智时，消费者才会不顾一切地立即购买。

有研究表明，人们之所以会产生冲动消费是因为人们有一种追逐及时奖赏的倾向，冲动消费能够给消费者带来一定的快感，而那些性格冲动、付款痛苦程度低的消费者更容易产生冲动性购买行为。

三、如何刺激消费者进行冲动性购买

在"消费者行为学"当中,冲动性购买是一个很有趣的话题,它与从众心理、时间压迫、体验营销、折扣等众多因素有关。在现实中,商家也经常采用相应的营销手段促使消费者产生冲动性购买行为,进而实现业绩增长。现实生活中最常见的刺激消费者冲动消费的方式包括限时折扣,限量营销,制造不确定性,营造良好的购物氛围,办理会员卡,等等。其中限时秒杀、限时折扣的方式是最常见的,商家通过给消费者制造一种"机不可失,时不再来"的情境,使他们在来不及思考或对比同类产品的情况下冲动性购物。比如,临近"五一"假期,线下商超推出一些折扣活动,如"购物满5件享8折优惠,购物满3件享85折优惠"等。

其次,销售商还可以通过进行限量销售给消费者制造"物以稀为贵"的假象,以激起消费者的购买欲望。限量营销在营销学中也称作"饥饿营销",是指商家利用消费者心理有意控制商品产量,以期达到调控供应关系,制造供不应求的假象,维持商品较高售价和利润率,同时维护品牌形象、提高产品附加值的目的。

举个例子。2019年2月,星巴克推出一系列以樱花为主题的杯子,其中最受欢迎的当属一款名为"猫爪杯"的杯子,这款杯子有内外两层玻璃,外层以樱花为点缀,内层以爪状物为容器,并附赠一个镶有小猫的杯垫。

在"猫爪杯"正式推出之前,星巴克已经在微博、小红书、抖音等社交平台上做了大量预热宣传，激起了消费者的购买欲望。由于该产品只在中国地区发售，且各个门店可出售的杯子数量有限。为了抢购到这款杯子，不少消费者赶在星巴克营业前就开始排队等待购买，甚至有人直接在星巴克门店附近支起帐篷通宵排队。在"黄牛"的助推下，原价199元的杯子在网上也被炒至六七百元甚至上千元，再次推高了该产品的稀有度和关注度。

此外，一些商家开始利用消费者的好奇心开展营销活动，比如通过售卖盲盒产品、给消费者提供不确定性赠品等销售形式引发消费者的兴奋，进而刺激消费者产生冲动性购买行为。尤其是盲盒这种营销方式受到了年轻消费者的喜爱，其产品种类也不断丰富，从最初的玩具盲盒发展到文具盲盒、水杯盲盒、服饰盲盒甚至是机票盲盒，呈现出"万物皆可盲盒"的现象。

购物氛围也很重要，货架摆放（如超市把口香糖、巧克力等食品放置在收银台附近）、店内氛围（如背景音乐、布局、香水气味等）、营销人员的服务等因素都会对消费者购买行为产生影响。例如，有研究表明，播放背景音乐的购物环境会让消费者做出更多购买行为。不同的商家也会根据不同的销售产品营造不同的营销氛围，比如，快餐店里经常会放节奏较快的流行音乐，促进消费者神经兴奋，提高消费者就餐速度，以增加翻台率；咖啡店、西餐厅则会播放舒缓的钢琴曲，打造轻松、静谧的氛围。

人们都有厌恶损失的心理，在支付过程中会感到一定的痛苦。相比于现金支付，消费者在使用信用卡支付或移动支付时感受到的支付痛苦会少一些。为了降低消费者感受到的支付痛苦，许多商家都接受消费者使用信用卡进行支付，以此促进消费者产生冲动性购买行为。

补充知识：在线销售如何引发冲动性购买

随着科学技术的快速发展，网络购物逐渐成为消费者新的消费习惯。相比传统购物方式，网络购物具有更大的便利性和偶然性，再加上在线支付让消费者认为自己并不是真正地在花费现金，使得在线购物的消费者更容易产生冲动性购买行为。相关研究表明，34%的网络购物是通过冲动性购买实现的，83%的网络消费者有过冲动性购买的经历。

与线下实体店铺的促销方式相比，在线购物的促销方式更加丰富多样，包括跨店满减、赠送礼品、"双十一"购物狂欢节、直播"秒杀"等。以天猫"双十一"为例，2019年"双十一"期间天猫平台的成交额是2684亿元，2020年成交额达到4982亿元，2021年成交额突破5000亿元，达到5403亿元。有很多消费者表示，自己在这种"全年最低价，错过等一年"的宣传方式的影响下产生了"不买就亏了"的心理，因此一时冲动购买了许多原本不需要或超出自己预算范围的产品。

随着互联网的蓬勃发展，网络直播与网络电商成为当今的主流趋势，艾媒咨询发布的《2020—2021中国在线直播行业年度研究报告》显示，2020年中国直播电商市场规模达到9610亿元，同比增长121.5%。与传统电商相比，电商直播有着更大的优势，消费者不仅能够在主播讲解下身临其境感受产品品质，产生现场购物般的体验感，还能通过点赞、收藏、评论实现与主播的互动，唤起愉悦的情绪，进而产生购买意愿。此外，直播间的限时秒杀、抽奖、专属赠品、数量有限等营销方式也在刺激消费者的冲动消费意愿。

第 *8* 讲

买完就没事了吗

对于营销人员而言，无论消费者购买是理性的还是不理性的，只要能够卖出去商品，就实现了营销的目的；但从厂商整体经营利益的角度来考虑，消费者的购买行为并不是结束，相反，消费者购买有可能是深度营销的开始，消费连续性才是营销的重点。

这一讲我们专门谈谈购后行为与消费连续性，从消费者分类的角度来看，营销其实就两件事：其一是如何让消费者购买，就是让潜在消费者变成新消费者；其二是如何让消费者的购买能够连续进行，也就是让新消费者成为偏好型消费者、习惯型消费者，甚至成为忠诚消费者。

一、消费者购后评价

商品的出售并不是营销环节的终点，购后的一系列活动，如商品使用、消费者评价、向他人推荐该产品的意愿、重复购买率等都是营销活动中的重要内容。消费者在购买、使用商品后会形成大致的商品评价，该评价大多源于消费者的主动判断且受到多种因素的共同影响，比如售后服务是否及时有效，产品功能是否与宣传一致，等等。

"消费者满意度"这一概念最早由美国学者Oliver（奥利弗）提出，他认为消费者满意度是消费者期望和感知之间进行主观比较的结果，即当消费者对产品或服务的期望与自身感知一致时，消费者就会感知到满意，反之则不满意。现有研究大多将消费者满意度概括为消费者对其所购买产品或服务体验的主观评价，包括认知和情感两个方面。消费者满意度既是一种认知状态，也是一种心理状态，当消费者对某商品感到满意时，可能会产生多次购买行为并推荐他人进行购买；而当消费者对商品或服务不满意时，会寻找其他代替品，也有可能会产生投诉、诋毁、散播该商品的负面信息等行为。因此，商家应重视消费者满意度，通过品质把控、服务培训、售后响应等方式赢得消费者的青睐，提高消费者黏性和重复购买率。

举个例子。小赵在淘宝平台购入一瓶某品牌面霜，该商品介绍页面显示，现在购买即赠送同系列面膜两张。当收到货后小赵发现商家并未赠送面膜，她向淘宝客服反映了这一情况，客服人员调取监控后发现确实是打包人员失误所致，于是立刻向小赵道歉，并表示马上补发赠品，并额外赠送一支产品小样作为补偿。客服人员诚恳的态度及有效的解决措施让小赵原本烦躁的心情缓和了很多，她对该品牌的售后服务非常满意，并表示愿意再次购买该品牌的产品。

商家很难让所有的消费者都感到满意，加上不可能完全避免的工作人员失误、快递延误、物价上涨等因素，存在部分消费者产生不满意的评价的情况应当属于正常现象；但是商家应该意识到品牌口碑在这个信息快速传播的时代的重要性，尽量避免出现消费者不满意并向他人传递负面信息的行为。当因服务失误而收到消费者的负面反馈信息后，商家应该快速响应，进行解释、道歉，并采取赔偿等补救措施去消除消费者的不满，提升消费者满意度。

二、如何培养忠诚消费者

消费者忠诚相关概念的研究源于20世纪20年代，研究者对品牌购买模式进行分析时发现，消费者存在对某类商品的持续性消费行为，并将其定义为忠诚消费者。著名管理大师彼得·德鲁克提出，企业经营的最终目标在于获得并留住消费者，提升消费者忠诚度。

随后的研究发现，培养忠诚消费者是零售商良性发展的关键。消费者忠诚可定义为：在企业营销和竞争中可能导致潜在的转换行为时，消费者能够继续保持对某产品或服务的承诺、偏好和持续消费，对企业竞争者具有免疫力，并在未来仍保持继续购买该产品或服务的意向。

毫无疑问，消费者忠诚对企业长期的良性发展经营具有重要意义。首先，忠诚消费者能以较低的营销成本为企业赢得丰厚的利润。研究显示，吸引一个新的消费者所花费的成本是留住一个老顾客的成本的5倍。其次，忠诚消费者会积极地将品牌产品推荐给他人，有利于吸引新的消费者，且其效果远远优于企业花大价钱所做的广告宣传。最后，已形成长期消费习惯的忠实消费者能够为企业稳定的销量和利益提供保障，帮助品牌缓解竞争威胁。

如何培养和留住忠诚消费者，是无数商家想要破解的命题。目前市场竞争十分激烈，产品之间的差异性越来越小，客户也随着市场的饱和变得越来越难以满足。在现实生活中，已经有很多商家开始实施"客户忠诚计划"，即通过与客户建立、保持并发展互惠互利的关系培养长期客户，并最终从这种关系中获取一定的利益。该计划在零售、航空、餐饮、酒店等行业得到了广泛应用，常见的形式包括会员折扣、积分兑换、办卡充值等。

举个例子。目前很多商家开始实施"客户忠诚计划"，通过让消费者办理会员，将每笔消费金额转化为相应积分存在消费者的会员账户中，当积分达到一定额度可以兑换相应的礼品或享受相应的购物折扣，以此激励消费者产生多次消费，使其成为忠诚消费者。

三、攻心为上——如何挽回消费者

我们知道当消费者对某产品或品牌满意度较高时会主动向身边的亲朋好友推荐，在社交平台分享该产品或品牌，并且极有可能产生多次购买行为，成为品牌的忠诚消费者。这是品牌方和营销人员十分希望看到的结果，但是由于种种原因，比如产品瑕疵，服务人员不够专业，价格变动，等等，每个消费者或多或少都会经历不太满意的购物体验。当消费者对购物经历不满意的时候，可能会采取转换品牌、向商店或制造商投诉、负面口碑传播、采取法律行动等措施维护自己的权益。

对于企业来说，消费者主动抱怨并不可怕，这就意味着还有挽回消费者的机会，企业能够从消费者的抱怨中总结经验，以更好地服务更多的消费者，提高总体的消费者满意度。因此，企业不但要创建方便的渠道倾听消费者意见，还要设立专业的机构或培养专业的员工处理售后问题，及时有效地解决消费者遇到的问题。很多商家通过设立"消费者热线""24小时投诉电话""服务台"等措施处理客户的抱怨和反馈。

举个例子。胖东来超市以其卓越的服务、物美价廉的产品、精准的市场定位、创新的企业文化和经营策略以及对员工的关心和培养在网络上爆火。除了提供宠物笼、免费雨具、休息室、免费充电宝、免费宝宝车、免费轮椅等贴心服务以外，胖东来在处理售后方面也有"不满意就退货""500元服务投诉奖""不好吃请告诉我们"等策略，还设有专门的售后处理部门，对实体店消费意见、社交媒体投诉等进行专业处理。

2022年9月，有消费者发抖音称胖东来超市售卖的"东北农嫂"甜玉米销售价达8.5元，远高于东方甄选直播间6元的销售价，而该品牌的甜玉米在官方直播间里只卖3.6元，引发公众对"一根玉米究竟值多少钱"的热议。视频发出的第二天，胖东来超市就发布了关于"东北农嫂"甜玉米的召回公告，并在公告中公开供应商源头采购价格、供应商供货价、供应商加价率等具体信息，表示此次事件是由于工作人员的失误，导致该玉米的加价率超出了商品加价标准，这是一场严重的商品采购事故，胖东来超市将在第一时间下架该产品，已购买该产品的消费者可凭小票享受全额退款，并安排工作人员对卖场所有产品的价格、加价率及采购渠道进行全面排查。如此快速和有力度的公告，让消费者直呼"胖东来不愧是业界标杆"。

口碑信息在影响消费者态度和行为方面发挥着重要作用，口碑信息分为正面口碑和负面口碑两种类型。其中，负面口碑是指消费者彼此间否定某企业或产品的一种沟通交流，或是一种因交易不满意而告知其他人避开该品牌产品的行为。相关研究表明，相比于正面口碑，负面口碑对消费者的态度和行为有更大的影响力，可能会造成消费者的品牌转换行为，这不仅会损害公司的利润，也会降低品牌声誉和消费者忠诚度。因此，企业应努力提高产品或服务的可靠性，减少产品或服务失误的概率，并提前制定补救方案。一旦出现失误要尽快采取措施，及时处理所出现的产品或服务的失误，尽量减少其中的时间间隔，消除负面口碑传播者的不满情绪，降低消费者传播负面口碑的频率，将负面口碑对企业的影响降至最低。

在危机公关中有一个重要法则叫作"黄金24小时"，是指在危机发生后的最初24小时是危机公关的最为关键的阶段，因为这是公众对企业的反应和态度形成的关键期，是企业维护声誉、保护业务的关键时刻。只有通过快速反应、透明沟通、积极应对和后续跟进，企业才能有效地应对危机，赢得公众的信任和支持。

举个例子。2022年中央电视台"3·15"晚会报道中，湖南插旗菜业有限公司（以下简称插旗菜业）、锦瑞食品有限公司、湖南坛坛俏食品有限公司等多家食品公司腌制的酸菜被曝光存在食品安全问题。在知名品牌因使用"土坑酸菜"被广大消费者痛骂的同时，方便面生产企业白象食品股份有限公司（以下简称白象）却迎来"高光"时刻。面对网友的质疑，白象第一时间在微博评论里回复："一句话：没合作，放心吃，身正不怕影子斜。"紧接着又发微博明确表示，和"3·15"晚会曝光的插旗菜业从未有过合作（见图8-1）。随后白象又被网友先后"扒出"企业中有1/3的员工是残障人士，是四大方便面品牌中唯一拒绝日资入股的企业，并且多次在地震、疫情期间默默捐款捐物……白象一系列暖心操作引发了公众认同和消费者的"激情下单"，在"3·15"晚会后的3月16日、3月17日，白象官方旗舰店单日直播销售额均超过了200万元，至3月18日，白象天猫官方旗舰店几乎所有产品都显示缺货，预售周期长达15天。

白象食品 👑👑
22-3-15 23:26 来自 iPhone 11 Pro M... ＋关注

白象食品和插旗菜业从未有过合作，感谢大家的关心。25年坚守品质，白象始终如一。

图8-1 白象微博品质宣言

补充知识：消费者如何维权

消费者权益是指消费者在有偿获得商品或接受服务时，以及在之后的一定时期内依法享有的权益。由于买卖双方信息的不对称性，消费者在交易中极有可能成为权益被损害的一方，为保护消费者的合法权益，维护社会经济秩序，促进社会主义市场经济健康发展，全国人民代表大会常务委员会通过了《消费者权益保护法》，对消费者权利、经营者义务做出明确界定。消费者的权利包括知情权、安全权、自主选择权、公平交易权、求偿权、结社权、获知权、人格尊严受尊重权及监督权。作为经营者，需承担以下义务：①保证商品和服务的安全；②提供真实信息；③须明码标价；④提供凭证单据；⑤瑕疵担保；⑥不得单方面做对消费者不利的规定（如店堂告示）；⑦履行"三包"承诺。

根据《消费者权益保护法》，当消费者和经营者发生消费者权益争议时，可以通过下列途径解决：一是与经营者协商和解，在自身权益受到商家侵犯的时候，消费者可以与商家协商和解，要求商家按照规定赔偿自己的损失；二是请求消费者协会或者依法成立的其他调解组织调解；三是向有关行政部门投诉，消费者可以拨打"12315"向当地的市场监督管理部门反映、投诉商家的行为；四是根据与经营者达成的仲裁协议提请仲裁机构仲裁；五是向人民法院提起诉讼。

在日常生活中，消费者要学会自我保护，做到不轻信广告宣传，不盲目追随其他消费者，从信誉高、态度好的正规商家购买商品，向经营者索要消费凭证并注意保存。在购买商品的过程中一般应注意以下问题。

（1）购买商品要注意商品和包装上的标志。按照有关法规规定，生产和销售的商品必须符合法定质量标准，并在商品和外包装上用中文标明厂名、厂址，还要附有产品合格证。如果没有厂名、厂址、合格证，即属"三无"商品，说明商品质量没有保证。

（2）食品和药品类，按照规定必须标有生产日期和保质期。现在市场上出售的食品和药品，有些未标明生产日期、保质期，或者没有生产日期而只有保质期，这就使消费者无法辨明商品是否已经超过保质期。有的甚至故意把生产日期标得延后，以此欺骗消费者。遇到这种情况，消费者购物时要慎重进行选择。

（3）目前，市场上有很多以"厂家处理"的名义推销劣质商品的行为。销售者制造"降价"假象，诱使消费者购买，而不负责"三包"；特别是耐用消费品，消费者不要轻易购买"处理品"。

（4）对于信誉无保证、厂址不详、无正式合同的，不要轻易预交货款，尤其是在各类展销会上预订耐用消费品时，更要谨防上当受骗。

（5）购买家电商品，要当面通电试机，并索取售货凭证和保修单。购买电视机要参加联合保修，一旦出现故障和其他质量问题，便于修、换、退。对于空调器，生产厂家一般都规定免费安装，有的随机附有"免费安装卡"，由销售单位或特约维修单位负责免费安装，有的凭发货票免费安装。消费者购买空调器不要自己找人安装，那样做既不能保证安装质量，又要多花一份安装费。

（6）按照规定，销售商除少数不便明码标价的商品外，都要明码标价，特别是日用工业品，这是商品和服务信誉的重要标志。据此，消费者可以对商品货价进行比较，最终做出自己的选择。

（7）按照《消费者权益保护法》的规定，经营者销售商品必须出具购货凭证，消费者要求出具购货凭证的，经营者必须出具。

（8）不要盲目购买邮售商品。在没有掌握商品的可靠信息之前，不要轻易汇款。

（9）目前，一些租赁商店或租赁柜台用"优惠券""借体量衣"及其他手段，向不明真相的消费者兜售假布料、假毛衣等，消费者要特别警惕，不要误入圈套。

第9讲

探知消费者隐性动机

动机是指推动个体采取行为的内部驱动力，这种驱动力是由于需求没有得到满足而产生的紧张状态。"消费者行为学"将消费者的动机分为显性动机和隐性动机，而营销者研究的主要内容是发现消费者的隐性动机，隐性动机里蕴藏着大量的商机，这些商机会被厂商设计成符合消费者诉求的功能，体现在产品和服务上。

一、需要、需求与动机

需要指的是人们对事物的欲望和要求，而需求指的是能够支付得起的需要。也就是说，只有当有购买能力支撑时欲望才能转化成需求。需要与需求的关系是一般与特殊的关系，没有需要，需求则无从谈起，即需要是需求的基础，而需求是需要的具体表现。人类的同一需要在不同的人群以及不同的时间、地点上可能会表现为不同的需求，比如，对吃饭的需要，在病人身上可能表现为对白粥、蔬菜的需求，在小朋友身上可能表现为对汉堡、炸鸡的需求；对于喝水的需要，在体育馆中正在运动的人身上可能表现为对红牛、脉动等功能性饮料的需求，在准备去电影院看电影的情侣身上可能表现为对奶茶、可乐等饮料的需求。

动机是引发行为的原因，是刺激和促发行为反应并为这种反应指明具体方向的内在力量。动机也是个体想要做一件事的原因。当消费者希望被满足的需要被激活，动机就产生了。可以将动机理解为一种推动力，正是因为动机，个体才会获得力量和行动的方向，进而才会产生各种缓解需求压力的方法。

需要和动机是一个连续的过程，这是因为当一个消费者感受到理想状态和现实状态有差异的时候就产生了需要，这种需要以动机的形式被消费者体验到。需要和动机影响那些被消费者认为与自己有关的事物，同时影响他们的感觉和情绪。比如，一个饥饿的消费者可能会认为食品广告与自己有关，并且会在饭前体验到负面情绪，在饭后体验到满足、愉悦的正面情绪。

消费者的动机有两个重要的维度，分别是强度和方向。动机的强度指的是人们愿意用多大的代价去实现一个目标，动机的方向指的是目标的效价。如果人们希望达成某个正向的、积极的目标，这时会表现为趋近目标；如果人们希望规避某个负向的结果，则表现为回避动机。广告人员经常从消费者动机的维度进行广告设计，比如，呼吁安全驾驶的广告会在画面中呈现车祸、人员受伤等人们不希望看到的场景，以此强调安全驾驶的重要性和必要性。

关于动机的理论有很多，其中应用最广泛的是马斯洛的需求层次理论。马斯洛将人的需求划分为生理需求、安全需求、社交需求、尊重需求和自我实现需求5个层次。该理论认为需求是人类内在的、天生的、下意识存在的，而且是按先后顺序发展的，只有当基本的动机得到满足后，其他动机才会被激活。马斯洛需求理论为理解人类的行为提供了指南，但在现实中也存在许多不符合该理论的行为。人的需求层次并不都是机械地由低向高发展的，也可以跳跃着出现，比如，那些生理需求尚未得到满足的街头艺术家追求的却是自我实现。此外，5种需求并不是单独存在的，一种行为可能同时满足多种需求。例如，和朋友外出聚餐，除了能满足消费者的生理需求以外，还满足了其社交需求，不仅及时解决了肚子饿的问题，也增加了和朋友的沟通互动。

二、纷繁复杂的动机

消费者的动机是消费者购买并消费商品最直接的原因和动力，可以有很多种类型。按照消费目的不同，可以将动机分为享乐动机和实用动机。享乐动机指的是追求快乐、远离痛苦的动机，比如，去电影院看电影，去游乐园放松；实用动机则指的是带有明确的做成某件事的目的，比如，为了通过英语四六级考试，购买模拟试卷和相关视频课程。

按照消费者产生购买需求的思考方式不同，可以将动机分为理性动机和感性动机。其中，理性动机指的是经过理性的思考产生的动机，如买房、买车等较大金额的购买行为；感性动机则指的是由消费者的主观情感所引发的购买动机，比如，购买自己喜欢的明星周边产品，在母亲节送给妈妈一束花，等等。

按照动机能否被消费者发现或承认，将动机划分为显性动机和隐性动机，这是最常见的动机分类方式。显性动机很容易被消费者所察觉或表述，比如，消费者饿了提出想要吃饭；隐性动机则指的是消费者自己没有发现或者发现了但不能准确表述的动机（也可以说是没有意识到或讲不出口的动机）。比如，对于那些购买豪华汽车的消费者来说，显性动机可能是这款汽车性能好，安全系数高，空间更大，等等；而隐性动机可能是这款车能够让自己看起来像成功人士，开出去更有面子。

三、隐性动机中蕴藏的商机

对于厂商来说，研究消费者的动机能够为经营提供更直接、更有效的决策参考，厂商能够从消费者的动机中看到市场发展的方向，从而选择自己的目标市场，并确定自己的经营特色。相较于显性动机，隐性动机往往更隐蔽，更不易察觉，也正因如此其蕴藏着更多商机。

在实践中，"哪里有抱怨，哪里就有商机"。因此营销者的主要研究内容是发现消费者在日常生活中的不便之处，发现那些消费者自己还没有意识到的需求，发现那些蕴藏着商机的动机。

例子一

"轻奢"就是营销者创造的商机。在奢侈品市场的消费群体逐渐多元化的背景下，消费群体的变化催生了新型的奢侈品种类。对于初入职场的年轻人或经济水平不太高的消费者来说，他们希望追求好的品质和设计，但又无法支付过于高昂的费用。定位处于中高档、价格区间处于几千元到上万元不等的"轻奢"品牌满足了这部分消费者的需求，受到年轻"白领"群体的热捧。其中，时尚品牌蔻驰（COACH）就是"轻奢"品牌的典型代表。

蔻驰是源自美国纽约的知名皮具品牌，产品系列包括皮具、服饰、鞋履等。蔻驰的品牌定位介于大众消费品牌和顶级奢侈品牌之间，相较于顶级奢侈品牌，如路易威登（LOUIS VUITTON）、香奈儿（CHANEL）和爱马仕（HERMÉS），蔻驰的产品价格更加亲民，而且产品质量和设计风格在同档次品牌中表现出众。这使得蔻驰成为很多追求时尚、品质生活的消费者的首选品牌。当消费者的经济水平尚未达到能够购买顶级奢侈品的水平而又想彰显自己的时尚品位和个人魅力时,蔻驰就会出现在消费者的脑海中。

例子二

美国心理学家欧内斯特·迪希特为康普顿广告公司推广"象牙"牌香皂时,为了弄清人们沐浴的心理,和来自全国各地的基督教青年讨论泡澡和淋浴这两件事,发现在消费者认知中,洗澡不仅能洗去身上的污垢,而且是一个净化身心的过程。由此可见,消费者沐浴的显性动机是"清洁身体",而隐性动机是"洗涤心灵"。于是他提出这样的宣传口号:"明智点,用'象牙'牌香皂重新开始……把所有的烦恼都洗掉。"广告推出后取得了显著的宣传效果,后被多家广告公司效仿。

面对消费者尚未意识到或未被满足的动机,营销者需要对其进行挖掘、分类并逐一满足,可以通过打造新的营销理念"制造"新的市场,满足消费者的需求。

举个例子。随着大众对健康生活的重视程度逐渐提高,消费者对饮料的健康成分也愈加关注,但当前市面上的大多数饮料都含有较高的糖分及各类添加剂,无法满足消费者对养生、低糖的追求。关注到这一现象后,元气森林以"0糖、0脂、0卡"的无糖气泡水切入碳酸饮料赛道,利用赤藓糖醇等代糖成分,同时满足了消费者对健康与口感的双重需求。"无糖+气泡水"的概念一下子抓住了年轻人的心,加之多模式的品牌营销,使元气森林在短短几年时间内就从一个小众品牌成为国产饮料界的爆款品牌。

此外,营销管理者在挖掘出某种产品或品牌所能满足的消费者动机后,需要围绕这些动机制定营销组合策略。不同品牌的购买动机不同，由此要求营销者为每种品牌制订独特的市场营销计划。比如，同样是香水，YSL（圣罗兰）的"反转巴黎"气味以花果香为主，瓶身设计是淡粉色，寓意着"自由、浪漫和浓烈的爱情"，目标客户是20~25岁甜美、可爱的女生；而芦丹氏的"柏林少女"是一款东方花香调的中性香水，暗示着"勇敢、自信、独立和坚强"，受众主要是个性、独立的年轻女性。

补充知识：挖掘消费者潜在需求的方法有哪些

营销者可以采用以下方法挖掘消费者的潜在需求。

（1）深度访谈。深度访谈即由调查员主导，按照特定的主题对消费者进行深入的访问，以揭示对某一问题的潜在动机、态度和情感。通过对话的形式引导消费者表达在产品使用或服务使用中的一些需求，也可以通过他们对现有消费活动的态度和情感来判断他们的潜在需求。

（2）民族志研究。通过在真实环境中进行第一手观察和参与进行对人类社会的描述研究，对于那些消费者自己未意识到或说不出口的需求，观察可能是更好的选择。例如，调查者可以和目标用户同吃同住，更好地了解他们的需求、生活习惯及购买行为，进而设计出更能刺激消费者购买欲望的产品或制定更有效的营销策略。

（3）投射技术。投射技术是指向消费者提供一些含义模糊的材料，比如，给消费者一个未完成的句子让他来完成，或者是设定一个具体环境，请消费者回答他会把哪些人与这种环境联系在一起。通过这些材料激发出消费者潜意识中的感情和态度。投射技术用来测量消费者在一般情况下不愿或不能披露的情感、动机或态度，是"根据无意识的动机作用来探寻人的个性深蕴的方法"。

（4）现场调研。现场调研是指在消费者购买或使用产品或服务的真实环境中，对消费者进行直接或间接的观察和交流，以获取第一手的信息。现场调研可以分为两种形式，即现场蹲点调研和现场问卷调研。现场蹲点调研是指在门店门口或其他消费场所，对消费者的行为举止进行观察和记录，分析消费者的购买动机、偏好、决策过程等。例如，某咨询机构曾经为一家汽车品牌进行现场蹲点调研，通过跟踪和访谈进入汽车销售服务4S店的潜在客户，发现了他们在选择车型时最关注的因素，以及他们对竞品的看法和感受。现场问卷调研是指设计好问卷，让消费者在购买或使用产品或服务后填写。这种方法可以获取消费者对产品或服务的满意度、忠诚度、改进意见等数据。例如，某咨询机构为一家酒店集团进行现场问卷调研，通过在酒店前台设置电子问卷平台，邀请住客在退房时填写问卷，收集了他们对酒店设施、服务、价格等方面的评价和建议。

第 *10* 讲

利用感知觉的阈

"消费者行为学"中的"感觉"和"知觉"的概念，与我们生活中对感觉、知觉的理解不太一样。我们经常说"对某人或某事的感觉不好"，这里的"感觉"实际上指的是"知觉"。感觉指的是我们的感觉器官对光线、颜色、声音等刺激做出的直接反应。知觉指的是对感觉进行的分析和解释，是人脑对事物整体属性的认知。感觉是未被大脑加工过的直接反应，知觉是被大脑加工过的认知，感觉先于知觉。

　　利用好感知觉的阈，是营销者在实践中开展感官营销、吸引消费者有意注意的基础，也是"消费者行为学"研究的重点内容之一，本章从区别感觉与知觉、消费者感觉阈限以及吸引消费者有意注意几个方面展开描述。

一、感觉与知觉

我们认识世界，首先依靠的是感觉，这是人类认识世界的初级阶段，是其他心理过程的前提和基础。感觉指的是我们的感觉器官对光线、颜色、声音等刺激做出的直接反应，主要受生理因素的影响。我们的感觉可以分为外部感觉和内部感觉。外部感觉主要包括五感，指我们的视觉、听觉、嗅觉、味觉、触觉；内部感觉即反映各内脏器官状况、身体平衡状态及自身状况的感觉，包括运动觉、平衡觉和机体觉，这三种感觉能够帮助我们了解自己身体的状况，如饥饿、口渴、疲惫等在我们体内产生的各种感觉。

知觉则是人们对感觉进行分析和解释的过程，是人脑对于事物整体属性的认识。知觉是人在接受气味、听觉等刺激后，对这些感觉进行选择、组织和理解的过程，即知觉是一个包含感觉步骤的过程，而感觉是知觉的第一阶段。比如，我们看到一杯茶，闻起来味道很香，看起来颜色清澈，这些都是我们的感觉。如果我们看到这杯茶颜色很浅，就会认为它的味道一定很淡，这就是我们的知觉。再如，对于榴莲这种具有独特味道的水果，人们都能通过嗅觉闻到这种味道，大家的"感觉"是一样的。对喜欢吃榴莲的人来说，他们认为这种味道非常好闻，甚至让人垂涎欲滴；那些讨厌榴莲的人却认为这是一种非常臭的味道，闻到之后令人作呕，对于同样的刺激，不同的人可能拥有不同的知觉。

感觉与知觉的区别在于：感觉是对客观刺激个别属性的反映，感觉受感觉器官的生理特征及外界刺激物的物理特征影响，是一种生理活动。感觉过程仅仅反映当前刺激所引起的兴奋，不需要以往知识经验的参与。知觉是对客观刺激各个属性及其相互联系的综合的、整体的反映。知觉受一个人的兴趣、爱好、价值观和知识经验的影响，是一种心理活动。知觉过程是感觉器官、大脑、先前经验等协同活动对刺激进行综合分析的过程。

二、消费者感觉阈限

感觉阈限指的是人类能感觉到某个刺激存在或发生变化所需的强度的临界值，分为绝对感觉阈限和差别感觉阈限两大类。绝对感觉阈限是指能够引起人类感觉的最小刺激量，差别感觉阈限指的是刚刚能引起差别感觉的刺激的最小变化量。

就像世界上没有两片树叶是相同的，每个人对世界的感知程度也是不同的，这是由每个人的感受性决定的。感受性是我们感受刺激的一种能力，通过感觉阈限来测量。感觉阈限的测量遵循"半数测定原理"，以听觉的绝对阈限为例，是指有50%的刺激能引起听觉，有50%的刺激不能引起听觉的那种声音刺激强度。例如，以某一强度的声音刺激受测者20次，其中有10次能引起受测者的听觉反应，10次未引起受测者的听觉反应，这个声音的强度就是该被测者的听力绝对阈值。

人类的绝对感觉阈限就是感受性，人的感觉阈限越低，感觉就越强烈，但感受性递减，也就是古文中所说的"入幽兰之室，久而不闻其香；入鲍鱼之肆，久而不闻其臭"。

感觉阈限在市场营销中极有应用价值，在营销中忽视感觉阈限往往会导致商业信息传达得不完全，造成销售受阻、企业美誉度降低等不良后果。合理地利用感觉阈限，可以促进信息的传递，使消费者对产品形成正确认知，并且可以促进产品销售，提高消费者满意度。消费者绝对感觉阈限决定了营销刺激的最小量，因此营销人员要通过努力到达消费者的绝对感觉阈限，引起其有意注意。绝对感觉阈限的存在使企业进行产品开发、市场调研、商品推广时必须注意消费者的感觉性，比如人对电视广告反应的绝对感觉阈限是3秒，故在进行广告投放时要考虑时间长度。

差别感觉阈限的存在决定了消费者能感受到的刺激物的变化量，因此对于那些正面的、消费者不敏感或不抵触的改变，应该打破消费者的差别感觉阈限，凸显这些改变；对于那些负面的、消费者敏感或抵触的改变，应该将其控制在消费者的差别感觉阈限以内，以淡化这些改变。比如，在商品提价时，每次提价的幅度应不超过消费者对商品价格差异的差别感觉阈限，以避免因为商品价格上涨引起消费者的反感，对销售造成负面影响；而在进行商品促销时，降价幅度要尽可能超过消费者的差别感觉阈限，让消费者认为商品便宜了很多，从而提高销量。

营销人员在对品牌LOGO（徽标或商标）、产品包装进行改进升级时，也要注意消费者的差别感觉阈限，即这些变化能够被消费者感知到，同时应易于被消费者接受。尤其是在进行品牌LOGO升级设计时需要保持品牌的连贯性和可识别性，即要保证新设计的LOGO与原LOGO之间有一定的联系，以便消费者能够轻松地将其与品牌联系起来，如图10-1所示。

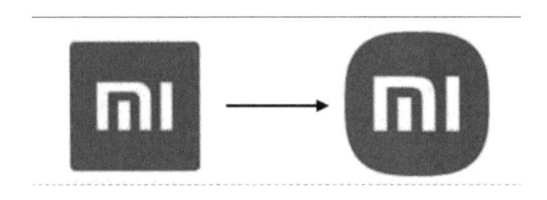

图 10-1　品牌 LOGO 升级设计案例

三、有意注意与感官营销

有统计表明，在当今这个信息爆炸的时代，消费者平均每天会接触到1500条广告信息，平均每天注意到的广告信息为75条，在消费者注意力有限的情况下，商家该如何吸引消费者注意？

"注意"指的是个体对展露于其感觉神经系统前的刺激物做出进一步的加工和处理。消费者能够注意到身边的某些事物，取决于两个方面的原因：一方面，事物要能够展露在消费者面前，进入其感知的绝对感觉阈限范围，引起消费者注意，这是前提但不是引发消费者"注意"的唯一条件；另一方面，如果希望消费者自觉地、有目的地、持续地注意某个事物，就要靠内在的"有意注意"来实现了。有意注意也被称为"选择性注意"，即消费者有选择地把认知资源投入营销刺激中的注意。

举个例子。在居民区楼道、电线桩、电梯等地，随处可见关于开锁、疏通下水道、安装网线、房屋出租等业务的小广告。当这些小广告出现在我们的视线中时即作为一条营销刺激信息暴露在我们面前，但其中的绝大多数并没有引起我们的有效关注。当我们产生需要（比如需要疏通管道）时，就会想到在楼道里看到过的小广告，进而来到这些小广告处寻找我们想要的信息，此时对小广告的注意就属于"有意注意"。

影响消费者注意的因素有很多，包括刺激物因素、个人因素和情境因素。

营销刺激物的大小和强度、色彩和运动、有吸引力的视图、位置和隔离、对比和新颖趣味性、格式和信息量等都有可能影响消费者的注意力资源，比如在一般情况下，大的刺激物相较于小的刺激物更容易引起消费者注意，彩色画面较黑白画面更容易引起消费者注意。

消费者的态度、价值观、需求与动机等个人特征也会影响他们的知觉选择。比如，饮食清淡的消费者对超市货架上的麻辣火锅底料、辣条等口味较重的食品视若无睹，即使将这些产品放在最醒目的位置也无法吸引此类消费者的有意注意。情境因素既包括环境中独立于中心刺激物的那些成分，又包括暂时的个人特征，如个体的身体状况、情绪等。比如，一个十分忙碌的人较一个空闲的人更少注意到呈现在其面前的刺激物。再如，消费者对某一节目或某一版面内容的关心程度或卷入度，会影响其对插入其中的广告的注意或关注水平。

有意注意与感官营销都是消费者感知觉的应用场景，感官营销涉及利用消费者的五种感官体验（视觉、听觉、触觉、味觉和嗅觉）来影响消费者的感知、判断和行为。这种营销方式旨在通过创造性的产品包装、设计、广告和体验式场景来吸引消费者的注意力，并激发他们的购买欲望。在人类的五感之中，嗅觉记忆是最古老、最精细且恒久的，它远比视觉和听觉记忆更让人印象深刻。众多食品行业的厂商都曾利用嗅觉开展营销活动，以刺激消费者的购买欲望。比如，面包店飘出的诱人的面包香味可能并不是来自新鲜出炉的面包，而是店家使用了"面包香氛"的缘故，这种香氛能够散发浓烈的香味，刺激大脑的食欲中枢从而吸引消费者进店，使之产生购买行为。

补充知识：错觉与感官营销

错觉，是人们观察物体时，由于物体受到形、光、色的干扰，加上人们的生理、心理原因而误认物象，会产生与实际不符的判断性的视觉误差。错觉是知觉的一种特殊形式，人们在日常生活中经常会遇到。

（1）空间错觉。在商品的陈列中充分利用镜子、灯光之类的手段，不仅能使商品种类显得丰富多彩，减少陈列商品的数量，降低商品损耗和经营成本，而且能使空间显得更大，有效调节消费者的心情。

（2）时间错觉。在饭店、KTV（营业性娱乐场所）、茶吧等经营场所增加书籍、零食、手工品的陈列，分散人们在等候的过程中对时间的注意，实现了对时间由有意注意到无意注意的转移，从而造成了时间错觉，由此可有效调整顾客等候时的心态，提高商家的经营绩效。此外，音量适中、节奏舒缓的音乐，不仅能使顾客心情更加舒畅，而且能放慢顾客行动的节奏，延长其在商场停留的时间，增加较多的随机购买概率；如果顾客人数较多时播放一些音量较大、节奏较快的音乐，就会使顾客的行动节奏随着音乐的节奏而加快，从而提高购买和服务的效率。

（3）颜色错觉。日本三叶咖啡店的老板发现不同颜色会使人产生不同的感觉，但选用什么颜色的咖啡杯最好呢？于是他做了一个有趣的实验：邀请了30多人，让他们每人喝4杯浓度相同的咖啡，但4个咖啡杯的颜色分别是红色、咖啡色、黄色和青色。最后得出结论：几乎所有的人都认为红色杯子里的咖啡调得太浓了；认为咖啡色杯子里的咖啡调得太浓的人约有2/3；几乎所有人都认为黄色杯子里的咖啡调得浓度正好，而青色杯子里的咖啡调得太淡了。从此以后，三叶咖啡店一律改用红色杯子盛咖啡，这样既节约了成本，又使顾客对咖啡质量和口味感到满意。

第 *11* 讲

神奇的泛化

泛化于人类而言是一种非常重要的思维能力，对消费者而言，泛化就是将"一点认知"变成"一片认知"的能力。因为消费者具有泛化能力，营销才变得精彩起来。

早期的学者通过大量的实验探索人类的各种心理系统，至今，这些探索对消费者的理解仍然有效，比如巴甫洛夫的经典条件反射、斯金纳的操作性条件反射、托尔曼的三路迷津实验等，这些都是"消费者行为学"研究的实验基础，本讲就在这些内容的基础上展开我们对泛化的探索。

一、泛化与分化

巴甫洛夫的经典条件反射理论有五条基本规律，即获得、消退、刺激泛化、反应泛化、刺激分化。于企业而言需要考虑用什么信号与自己的品牌相联结，形成条件反射，让消费者牢固地记住自己的品牌，这就需要熟练运用"泛化"和"分化"这两个重要规律。

由无条件刺激引发的无条件反应的过程叫"无条件反射"，无条件反射是天生的，如眨眼、抓握、吮吸、膝跳反射等。由条件刺激引发的条件反应的过程叫"条件反射"，所有条件反射都是经过后天学习形成的，学习条件反射首先需要了解巴甫洛夫的经典条件反射实验。

实验过程：首先，将狗束缚在笼子中，当给狗提供食物时，狗会分泌唾液，此时的唾液是无条件反应，狗看见食物就会分泌唾液，这种先天的、本能的行为称为"无条件反射"。接着，给狗摇铃声，这个时候狗不明白铃声的意思，但是铃声能够引起狗的反应（竖起耳朵，转动脑袋，对声音进行定位），我们把这个铃声称为"中性刺激"。然后，开始对狗进行训练，每次摇完铃声都会给狗提供食物。经过多次反复练习以后狗渐渐地明白，只要铃声一响就代表着食物要来了。于是铃声一响狗就开始分泌唾液，这个时候狗已经明白了铃声的意思，此时铃声由原来的中性刺激变成了条件刺激，狗这个时候分泌的唾液是由铃声引起的，所以这个时候狗分泌唾液是条件反应。狗听见铃声会分泌唾液，这是狗经过后天训练形成的，整个过程称为"条件反射"。

假如在实验中，不管铃声的分贝值是多少都给狗提供食物，那么多次重复练习之后，狗只要听到铃声（不论多少分贝）都会流口水，这时就是相似刺激带来了一样的反应——流口水，属于刺激泛化。刺激泛化指的是人和动物一旦学会对某一特定的条件刺激做出条件反应以后，其他与该条件刺激相类似的刺激能够立即诱发同样的条件反应，无须刻意区分。例如，和初恋一起听的歌曲、看的电影、吃的美食，多年后相似场景出现时仍然会有相似的心情；"一朝被蛇咬，十年怕井绳""杯弓蛇影"等都是对刺激泛化的典型诠释。

倘若在摇铃实验中只有当铃声是100分贝时才给狗提供食物，铃声为150分贝或250分贝时不给，那么经过多次重复练习后，狗只有听到100分贝的铃声时才会流口水，这就是相似刺激铃声带来了不同的反应，属于刺激分化。刺激分化是指通过选择性强化和消退，学会对相似刺激做出不同的反应，即能够区分相似刺激。

刺激泛化与刺激分化是一个互补的过程。通过刺激泛化的归纳，可以把学习延伸到原始的特殊刺激之外；通过刺激分化，可以针对不同情境做出不同的适当的反应，避免盲目地概括。刺激泛化理论能够帮助一些同类竞争品牌获得成功，自有品牌的制造商通过给自己的产品做与市场领先者的产品相似的包装，来达到使消费者将领先者的产品和自己的产品混淆，进而提高产品销量的目的。此外，"名人效应"也是在营销中应用泛化理论的典型例子。

举个例子。当内蒙古伊利实业集团股份有限公司推出"优酸乳"后，内蒙古蒙牛乳业（集团）股份有限公司也跟随推出了类似的产品——"酸酸乳"，且在包装上就采取了模仿的办法，消费者不仔细辨认就很容易将两者混淆，从而产生购买行为。

分化原理的应用可以帮助消费者精确地理解产品，将产品与其他类似产品精准地区分开来。可以通过在广告中编制短小精悍的广告语，明确表达产品的主要特征，方便消费者心理复述。

举个例子。脑白金的经典广告语"今年过年不收礼，收礼只收脑白金"，王老吉的广告语"怕上火，喝王老吉"，能够快速增加产品辨识度，将营销产品与其他众多同类型的产品区分开来。

二、实验与实践

在消费者行为学领域有三大经典实验，分别是巴甫洛夫的经典条件反射实验、斯金纳的操作性条件反射实验以及托尔曼的三路迷津实验。关于经典条件反射实验我们已经在上一节了解过了，这一节就来学习关于"斯金纳箱"实验的知识。

实验过程：斯金纳把一只老鼠放在一个有杠杆的箱子里，老鼠只要按压杠杆就会得到食物。开始老鼠只是在箱子中跑来跑去，一旦它偶然按下杠杆，就会发现有食物掉落。很快，老鼠明白了按下杠杆就能得到食物，于是它开始频繁按压杠杆。若干次后，便会形成老鼠按压杠杆取得食物的反射。

在第二次实验中，杠杆被压下十次后才会得到食物，但是老鼠很快就学会了这样做，并且之后它们比在第一次实验中更频繁地按压杠杆。

在第三次实验中，斯金纳对老鼠增加了厌恶刺激。当老鼠在箱子旁边徘徊时，可能会突然被巨大的噪声"轰炸"，但当它偶然碰到杠杆时，噪声被关闭了。在这样的训练过程中，老鼠学会了一进箱子就立刻按压杠杆。

在第四次实验中，斯金纳增加了电击刺激。实验箱中有一个灯泡，灯泡亮起的时候按压杠杆会有食物掉落，灯泡熄灭时按压杠杆则会遭受电击，很快老鼠便学会了在灯泡亮起的时候再去按压杠杆，如图11-1所示。

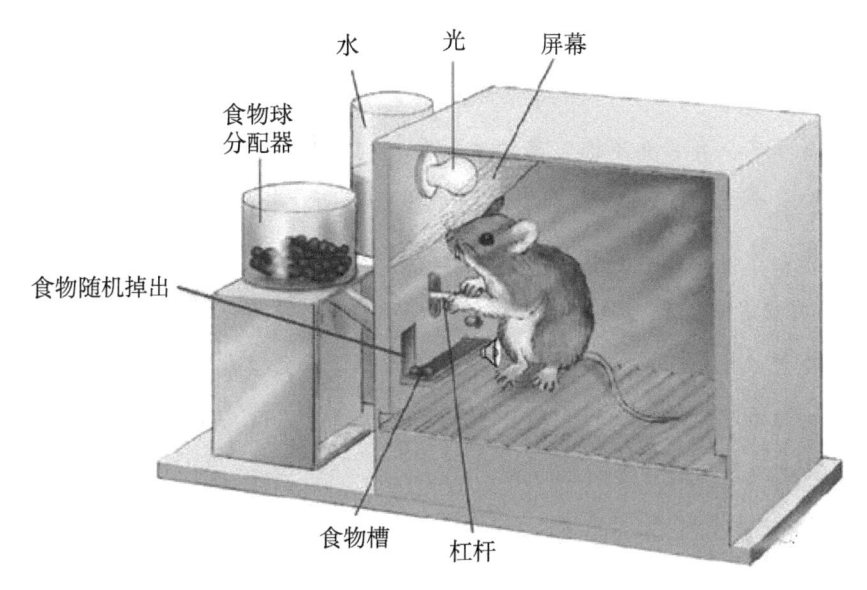

图 11-1 "斯金纳箱"实验

通过实验，斯金纳发现，动物的学习行为是随着一种起强化作用的刺激发生的，如果行为得到足够的强化，就能够形成操作性条件反射。虽然人类学习行为的性质比动物复杂，但人类与动物有着相似的行为特性。因此可以说斯金纳的操作性条件反射实验是消费者学习的基础，营销学者可以借鉴该理论引导消费者学习。

消费者学习是指消费者在购买和使用商品活动中不断获取知识、经验和技能，不断完善其购买行为的过程。不同于学生坐在教室里听老师讲课、进行作业练习的学习，"消费者学习"是一个完整的词汇，指的是消费者天然就具有的主动学习的能力。消费者通过学习能够获取更多关于产品品质、产品使用方法、品牌选择等有用的信息，并且会影响消费者后续对不同品牌产品的态度、评价及购买行为。

举个例子。提起"扭一扭,舔一舔,泡一泡",大多数消费者都能迅速反应过来,这是饼干品牌"奥利奥"的经典广告语。与其他饼干生产厂商喜欢强调产品好吃、有营养不同,奥利奥早在1923年就在广告中强调吃之前要先"扭一扭";到了1950年,奥利奥又在广告中强调扭开以后要"舔一舔";直到1955年,才有了我们现在耳熟能详的那一句广告语:"扭一扭,舔一舔,泡一泡。"消费者通过观看广告中人物的动作及语言,学会了怎样"正确地"吃奥利奥饼干,并且想要主动模仿广告中的动作。就是这样一句广告语,告诉消费者如何通过简单的动作玩转奥利奥,并通过长达60多年的广告曝光,将品牌深深地嵌入了消费者的脑海里。

营销人员需要根据操作性条件反射实验设计相应的营销方案,诱导消费者学习,并通过给予其多次积极的正强化"留住消费者",使其成为品牌忠诚者。例如:企业可以通过在广告宣传中强调产品或产品使用场合的独立性,强化对消费者选择该产品的刺激;通过免费小样、提供奖券、鼓励消费者试用产品强化刺激;对消费者购买行为给予奖励,如通过附送赠品强化刺激;给消费者创造良好的购物环境,使购物场所成为一种强化因素或力量;同时需要注意保持产品质量的一致性,从而强化消费者对该产品的反应。

举个例子。诞生于2005年的"特仑苏",是中国市场上第一个高端牛奶品牌。通过"不是所有牛奶都叫特仑苏"的广告语,强调了特仑苏牛奶与其他牛奶的区别,突出了其独特性和高品质,暗示自己的"独一无二"。

再如,京东平台宣布将原有的"京享值"体系升级为全新的"会员等级"制度,将基于用户在京东平台的消费、活跃度和账户信息等多个维度进行评分的"京享值"分数区间换算为与其对等的"会员等级"(包括普通会员、铜牌会员、银牌会员、金牌会员、钻石会员）。随着会员等级的提升，消费者可以享受更多的购物优惠和特权。比如，高等级会员在购买商品时可能会享受更多的折扣和返利，还能优先参与一些限时抢购和独家活动。此外，高等级会员还可能获得专属客服、快速退换货等增值服务，让购物变得更加轻松、便捷。

新的会员等级制度有助于激发消费者的购物热情和活跃度，消费者为了提升自己的会员等级，会更加积极地参与京东平台的各种活动，购买更多的商品和服务。这样一来，京东平台的会员等级制度就给予了消费者正向刺激，并且通过等级提升可享受的优惠福利会不断强化消费者的购买行为，由此提高了消费者对京东平台的好感度和使用频率，增加了消费者的重复购买行为，提高了平台的消费者黏性。

三、品牌的泛化之路——延伸

品牌延伸（Brand Extension）是一种品牌经营策略，它指的是公司在建立成熟品牌之后，借助消费者对品牌已有的联想对新产品继续采用已有的品牌名称的市场行为。这种策略从20世纪80年代开始被广泛运用，主要目的是缩短新产品被消费者接受的时间，减少开辟新市场的投资，降低新产品失败的概率。当时的市场营销人员相信，对新产品冠以已有的知名品牌名称，在一定程度上能够利用母品牌的知名度减少初期的宣传费用，而且消费者对母品牌的好感会通过刺激泛化的方式直接迁移到延伸产品上，从而降低新产品的失败风险；但是在市场中并不是所有的品牌延伸行为都得到了预期的好结果，如果操作不当不仅会造成新产品的失败，也会对母品牌的声誉造成一定的负面影响。

品牌延伸的成功与否取决于很多因素，包括消费者的品牌联想、消费者对原品牌的态度、新产品与原品牌的关联性等。其中，有学者认为，消费者的品牌联想是品牌延伸成功与否的决定性因素，品牌延伸能够增加品牌资产，是基于在消费者头脑中已经形成的对该品牌较持久、独特的品牌联想的假定，如果在消费者的头脑中还没有形成对该品牌的较持久、独特的品牌联想，品牌延伸就难以取得成功。可以将品牌联想理解为与品牌记忆相联系的任何事。例如，提到麦当劳，消费者脑海中就会浮现金色的"m"标志、麦当劳叔叔、炸鸡等，这些品牌联想是消费者做出购买决策以及形成品牌忠诚度的基础。一般而言，消费者对品牌的联想与延伸产品越契合，对品牌延伸的评价就会越高，品牌延伸就更有可能获得成功。

需要注意的是，品牌延伸对企业来说是一把"双刃剑"，在品牌不断延伸的过程中，产品的类别、性能等发生的变化会使原品牌在消费者心中的定位变得模糊起来，品牌独特性逐渐被稀释，因此可能会被其他同类定位清晰的竞争者所取代。此外，如果延伸不当还可能会损害原品牌的形象。比如，高档品牌产品线从高奢产品延伸到平价产品上，可能会动摇原品牌的高品质定位，造成原有的部分消费者流失。

总的来说，企业在采用品牌延伸策略时应该理性和慎重，避免因品牌延伸策略的滥用而对母品牌造成"喧宾夺主"的后果。此外，要考虑原产品与新产品的契合度问题，如果二者契合度不高，即品牌之间并不具备技术性、互补性或替代性等特点，在消费者心中不能产生良好的品牌联想，消费者对母品牌的情感难以实现转移，此时盲目实施品牌延伸策略只会适得其反，损害母品牌原有的品牌价值。

举个例子。1990年杭州娃哈哈集团有限公司（以下简称娃哈哈）从儿童营养口服液开始，凭借"喝了娃哈哈，吃饭就是香"的广告语，产品一炮打响，使娃哈哈享誉大江南北。后来娃哈哈又推出针对儿童消费市场的第二个产品——果奶，由于品牌的目标消费群体仍然聚焦于儿童，突出产品有营养的特征，与口服液产品的诉求基本一致，上市后迅速受到广大消费者的欢迎，增强了品牌价值和影响力。后来，娃哈哈品牌又逐渐延伸至纯净水、碳酸饮料、罐头食品等领域，市场阵容进一步扩大。

然而，当娃哈哈进军童装市场时，消费者似乎并不买账。作为饮料行业的著名品牌，消费者一听到"娃哈哈"，就会自动联想到儿童饮料、纯净水等产品，而饮料与服装的差距过大，导致消费者一时难以接受，产生了认知上的偏差。娃哈哈若要强势延伸到童装领域，不仅很容易造成品牌定位模糊，可能还会对原饮料产品的销售产生负面影响。

补充知识：泛化应用的"得"与"失"

刺激泛化对消费者而言是一把"双刃剑"，泛化的存在能够让营销变得更精彩，同时会带来一些负面的影响。

因为泛化的存在，喜欢喝"茅台"酒的人可能会对"茅台王子酒""塞外茅台"也产生好感，喜欢穿"百丽"鞋的人可能会对"艾丽斯"也产生好感，商标总喜欢将自己与美好的事物联系在一起。

也是因为刺激泛化的存在，出现了品牌"山寨"的现象。想买"农夫山泉"的消费者无意中买到了"农大山泉"，想买"芬达"的消费者无意中买到了"芳达"，这些都是因为消费者对某名牌的好感而忽视了差异的存在，导致假冒伪劣产品对知名品牌造成了一定的负面影响。更有甚者，还有"雕牌"的山寨版"周住牌"，"康师傅"的山寨版"廉师傅"，"五粮液"的山寨版"丑粮液"，等等。这种刺激泛化，会直接给消费者造成损失。刺激泛化应用不当，不但会造成消费者的认知混淆，对于企业自身品牌的打造也是毫无益处。

厂商在推出的新产品上采用与成功产品类似的包装，以此使新产品更易于被消费者理解和接受，这也是对刺激泛化的运用，"王老吉"与"加多宝"争夺凉茶的"红罐包装"就是一个非常典型的案例。

第 *12* 讲

消费者为什么很难记住信息

面对海量的信息，消费者只能记住其中一小部分，大部分的商品信息都会被遗忘。哪些商品信息会被遗忘，哪些又会被记住呢？厂商该如何将自己的产品信息装入消费者的长时记忆框里？这些疑问使"消费者行为学"有必要探讨消费者记忆与遗忘的规律。

一、记忆的奥秘

记忆是指过去经验在人脑中的反映，获得信息并把信息贮存在头脑中以备将来使用的过程。从记忆的心理过程来看，记忆过程可以分为三个环节，即识记、保持、再认或回忆。消费者记忆是消费者获得产品信息，并把信息以映像的形式保留在头脑中，在必要的时候把产品信息再现出来的过程。

遗忘是指消费者对识记过的产品信息不能再认和回忆，或表现为错误的再认和回忆。从消费者信息加工的角度来看，遗忘有两种表现形式，即信息提取不出来和提取出现错误。

从艾宾浩斯曲线（详见补充知识1）的基本趋势来看，如果产品通过广告宣传、口碑传播或体验等方式给消费者留下印象，即消费者对产品产生记忆，那么在一定时间范围内，消费者如果再次接收到产品信息就会起到再次记忆的作用，在重复多次接收到产品信息之后，消费者对产品信息的遗忘速度会大幅减缓，最好的状态是达到永久记忆的程度。这里我们提到了两个关键词，分别是"一定时间范围"和"重复多次"。"一定时间范围"可以理解为产品有效传播的时间阈值。当消费者初次接收到产品信息时，会产生瞬时记忆，但这种记忆维持的时间一般很短，如果不在有效传播时间内重复，那么在下次出现该产品的信息时相当于让消费者重新记忆，信息传播效果不佳。

消费者之所以会产生信息遗忘，原因有两个：一是人类的记忆存储有着基本的限制，二是人类的瞬间记忆能力有限。人类的记忆存储和瞬间记忆能力极限根据个体不同一般会存在较明显的差异，通常在被不断重复训练或强刺激的条件下形成的记忆会成为长时记忆，这种记忆的特点是看到极少的相关信息后就会立刻产生联想。在众多相似的产品中，消费者能够保留长时记忆的产品非常有限，也可以说大多数的产品广告对消费者来说都属于无效信息传播。这就是产品信息很难被消费者记住的原因。

二、向遗忘说"NO"

遗忘是一个必然过程，在一生当中我们所接触到的信息只要没有重复多次加强记忆，基本上都会被遗忘。影响遗忘的因素大致可分为记识材料对消费者的意义、记识材料的性质、记识材料的数量、记识材料的系列位置、学习程度及学习时的情绪这六点。

记识材料并不是对所有消费者都有用，所以在实际营销中要求寻找目标消费者，以提高信息投放精准度，降低传播成本；而当非目标消费者看到相关材料时不会留意甚至会忽略，难以产生长时记忆，遗忘的可能性更高。

文字、音频和视频是常用的表达信息的形式，这三者包含的意义依次为：文字＞音频＞视频。任何音频和视频都不能完全将文字具象化，正如鲁迅先生说《红楼梦》在不同领域的专家眼中会呈现出完全不同的意味。所以文字是信息表达最完整的方式；但在产品信息传播中，用得最多的是视频形式。视频传播具有灵活度高、互动性强、传播范围广、成本低、目标明确、受众可监测以及感官性强、观赏性高等优势，且信息内涵传播更准确，所以以视频形式传播的产品信息消费者的记忆保留时间会更长，而以文字和音频形式传播的信息消费者的遗忘速度更快。

记识材料的数量越少，越容易记忆，消费者的遗忘速度越慢。这与重复间隔时长有关。当需要记识的材料越多，回顾前面材料的时间间隔就越长，记忆保留比率越低，遗忘越容易发生。要提高记忆保留比率则需要重复的次数更多，所需要的时间也更长。

根据学习记忆规律，通常情况下，学习材料的开始、结尾以及能引起普遍共鸣的部分不易遗忘，而中间无明显记忆特征的部分很容易形成模糊记忆或被遗忘。

学习程度包括学习深度和学习广度两个维度。学习深度是指对知识底层逻辑挖掘和对上层逻辑探索的程度，学习广度是指对与知识相关的其他信息联想和涉猎的程度。对信息的学习深度越深、广度越大，遗忘的概率越低；反之，遗忘的概率越高。

在进行信息学习时，情绪的变化影响着记忆的保留时长。例如，悲剧或喜剧风格的广告播放效果的差异很大。当喜剧中出现广告时，由于消费者的情绪是高亢兴奋的，所以其对于广告的容忍度更高，记忆也更深刻。当悲剧中出现广告时，消费者的情绪是悲怆沉重的，此时消费者对广告的容忍度低，如果广告出现的形式不当，虽然消费者同样记忆深刻，但这种记忆是反向负面的，不利于产品信息的正向传播。

三、高记忆信息的七个特征

在艾宾浩斯曲线中，我们逐渐摸索出只有在有效时间阈值内重复多次记忆才能够减缓遗忘速度，达到良好的记忆保留效果；但如果需要记忆的内容比较复杂，那么记忆所需要的时间会更长，遗忘产生的时间会更短，不利于产品信息传播效率的提升，所以创作出容易记忆和传播的产品信息是非常必要的。易被记忆的信息一般具有简洁、出乎意料、可靠、情绪化、具象化、充满故事性、重复等特征。

易被记忆的信息需要具有简洁性特征，即信息不宜过长，信息过长会造成消费者记忆困难；但信息也不能过于简练，信息过短会给消费者理解造成不便。例如，品牌名称一般不超过四个字，且不少于两个字。我们熟知的一些品牌如华为、小米、奥迪、宝马、LV、香奈儿、白象、可口可乐等，在消费者之间的流传度非常高。简洁的信息会让消费者有主动记忆的意愿，具有良好的传播效果。

出乎意料也可以理解为产品给消费者带来了惊喜，惊喜往往会给人留下非常深刻的印象。具有惊喜属性的信息会刺激人的记忆神经元，从而产生增强记忆的效果。具有强刺激性元素的产品通常会更吸引人，这也是追求创造性和创新性的重要原因。例如，品牌与热播动漫、电视剧或电影等之间的联动合作，具有较强的相互促进作用。

信息的可靠性是维持产品可持续发展的基本要素，可靠的信息更容易让消费者产生信任，而过分夸张甚至虚假的信息会让消费者感到厌烦甚至是痛恨。例如，某品牌如果在做广告时说自己的产品含有大量消费者普遍关心的元素，并因此销量大涨，但经市场监督管理局披露，该产品中根本不含有这一元素或只含有极少量的该元素，那么其在广告中大肆宣传的信息则为不可靠信息，其产品就会遭到消费者抵制。

信息应该是能够带动人的情绪的。当听到一首欢快动感的歌时，人们可能会产生兴奋的情绪；当看到一句悲伤的诗句时，人们可能会产生难过的情绪；当看到恐怖的电影画面时，可能会产生害怕的情绪。这些都是信息对人情绪的影响。当信息对情绪发挥调节作用时，消费者会被信息所吸引，产生较深刻的印象。产品信息需要表达出目标消费者真正关心的要素，触及消费者"灵魂"，打动消费者，使信息传播更有效。

具象化信息的对立面就是抽象化信息。抽象化信息是事物的原本信息被抽离了相当多的细节，原本的内涵保留得非常少，也可以用"只能意会不能言传"这一词语来描述。具象化信息是事物的原本信息，几乎保留了全部细节，内涵丰富且完整，可以通过细节将其完整还原成一个具体的形象。消费者对产品信息的接收时长和形式都影响了信息的完整度，而抽象化信息需要消费者具备一定的理解能力和时间，对信息传播的有效性产生阻碍作用。具象化信息则具有一目了然的特征，在有限的时间内会使信息的传播效率更高。

信息是饱满且充满故事性的。在介绍一款产品时，我们通常会在开始就点明主线，让消费者有一个心理准备和大致的逻辑判断。这样做的原因是当消费者去回忆产品信息时，能沿着一条主线进行发散性回想，不仅有助于记忆，还非常容易赢得消费者的好感。所以充满故事性的信息会帮助产品在消费者之间产生持久话题，获得消费者关注，引起消费者共鸣。

信息最重要的特征仍然是重复。信息的传播不是一蹴而就，而是循序渐进的。因为消费者会遗忘信息，所以需要不断地去巩固记忆，以抵消遗忘带来的记忆损失。尤其是在产品并不具有唯一性和不可替代性时，消费者会受到来自其他产品信息的强干扰，在这种情况下，信息重复的频率对记忆时间的长短就具有决定性作用。不重复或重复时间间隔较长，就不利于消费者形成长时记忆。

举个例子。2015年的华为Mate 8的发布会上，一首动人心弦的"Dream It Possible"（《梦想成真》）向广大消费者展现了华为品牌坚韧拼搏的发展历程，该歌曲作为华为消费者业务品牌曲，火遍海内外。其后与好莱坞影视制作公司ondros共同打造的同名宣传片，视频播放量破亿。在宣传片中，主人公小女孩的成长经历对应着华为品牌的发展历程，从启蒙到家庭教学，再到高校求学，处处体现着华为破除舒适圈，摸爬滚打，不惧批判，力争上游，在国家的支持下最终得到大众广泛认可的不屈精神。整个宣传片既表现了个人和品牌努力发展的顽强精神，也体现了来自家庭和国家的坚强后盾，还展现了成功之后家庭和国家的欣慰和骄傲。这是一个简洁的、充满故事性的、能够引起大众共鸣的宣传片，也让大家成功记住了华为品牌，形成了长时记忆。华为也抓住这次机遇，不断向大众展示华为风采，逐渐发展成为实力强劲的国民品牌。

四、提高消费者记忆的三个小技巧

碎片化时代，想要提高消费者记忆可以从以下三个方面着手：可信息块的处理、碎片化时间的把握以及主动认知的促进。

1956年，著名的认知心理学家George Miller（乔治·米勒）发表了"神奇的数字7±2"，表示个体短时处理的信息块只有"7±2"个，过长的信息可以处理成易记的信息块。如11位数的电话号码"###########"可以处理成"###-####-####"；一些较长的英文名称可以进行缩写，比如将"International Business Machinery"缩写为"IBM"，将"Kentucky Fried Chicken"缩写为"KFC"。这是人克服瞬时记忆有限性的一种有效方法，按照某种规律性特征进行信息拆分，以符合自己记忆习惯的方式形成短时或长时记忆。

消费者生活在5G和碎片化时代，由于工作和学习原因，大多数消费者不能拿出较长的完整时间来观看、收听或阅读某产品的信息，尤其是大部分的产品信息与消费者当下关联度不大，那么碎片化时间把握的重要性就尤为突出。例如，先通过简洁的视频吸引消费者产生兴趣，再通过带有故事性的视频进一步吸引消费者关注，如此重复多次，使消费者对产品信息的记忆保留比率基本保持在最低有效阈值以上，目的是先达到产品信息不易遗忘的程度，再进行后续的巩固加强。这种利用碎片化时间的方法，更容易使消费者接受。

消费者在产生某种需求之后会对该领域的产品产生主动认知意愿。当消费者表现出认知意愿之后，互联网就会根据消费者的产品认知意愿向其推荐丰富的相关产品信息，此时消费者对单个产品的认知就会变成被动认知。被动认知的记忆保留比率下降速度要比主动认知快得多，所以将消费者的被动认知转化为主动认知是降低遗忘概率的重要路径。例如，大多数的产品广告都是通过吸引消费者对产品产生关注和兴趣，使消费者对产品的被动认知转化为主动认知，以达到获利的目的。

举个例子。小姜想提升英语口语能力，但由于身处非英语环境，所以想借助专业App来练习口语。通过平台或他人推荐下载某一款App，完成注册登录，手机界面就会立刻跳出一个弹窗——课程优惠包，如"只需1元钱体验7天课程"。小姜购买了这个产品后按照课程指示加入一个微信群，群里有专门的负责人监督学员每天打卡学习。这个负责人会每天发送各种课程信息，吸引大家购买，并告知消费者如果群里想购买课程的人数足够多，就能够申请特价优惠。于是有更多的消费者参与进来，想了解各种课程的优惠力度，根据自己当前的英语水平和经济能力，选择购买合适的课程。

想通过学习软件提高自己的英语口语水平，说明小姜对这类产品产生了需求，并想主动认知该类产品的优劣。当收到平台或他人的产品推荐信息时，又变成了被动认知信息，通过了解下载了某一款App。对于选择课程进行学习，消费者先是通过被动认知知晓信息，因为存在优惠，所以又转变为主动认知课程信息，最终选定某一课程学习。

补充知识1：艾宾浩斯曲线

艾宾浩斯曲线又称为"记忆遗忘曲线"，是德国心理学家艾宾浩斯根据人的短时记忆和长时记忆特征绘制的一条描述人的记忆保留比率随时间延长而减速降低的趋势线。在图12-1中，描述了艾宾浩斯曲线的一种遗忘规律。在消费者获取产品信息的t_1天之后，记忆保留比率就可能快速下降到50%以下，其后以越来越慢的速度遗忘。以识记一个产品的品牌LOGO为例，t_1天之后消费者只能记住LOGO中包含的最明显的特征（如颜色）或LOGO的大致轮廓（如图案排布）。在记忆没有完全消退时，如果及时地重复和巩固记忆，那么记忆保持的时间会更长久，但如果间隔时间太长，再次记忆就几乎等于完全重新学习。

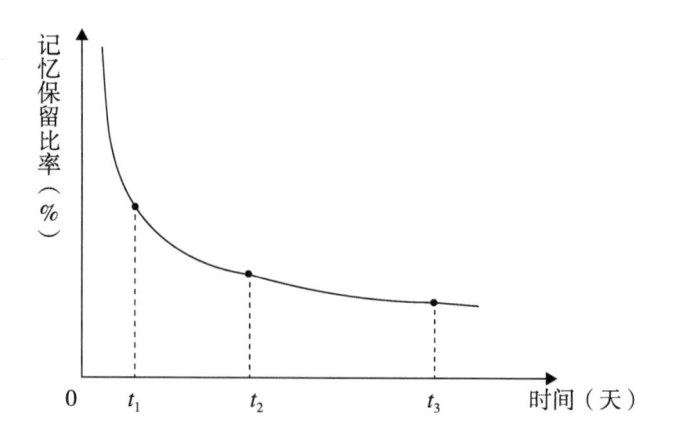

图12-1 艾宾浩斯曲线

艾宾浩斯曲线可以应用于广告投放。广告投放有集中投放和分散投放两种基本形式，两者之间没有清晰的界限，也没有具体的指标来判断集中投放和分散投放。广告投放密度是指厂商在单位时间内播放广告的次数，用来描述广告投放的集中程度。厂商一般将淡旺季作为调整广告投放密度的参考依据。广告投入密度是重要的经营策略，对它的定量分析很有必要。

假如厂商仅仅向消费者发出一则广告（品牌信息）就停止其他的所有品牌（信息）活动，这条广告信息即使完全送达消费者，消费者记忆的品牌信息也会立刻开始自然衰减，其衰减的趋势符合艾宾浩斯记忆与遗忘规律，就是一条趋于一个较低固定值的曲线。这一规律使得即使是已经获得了很高知名度的品牌也会持续通过广告等信息活动将品牌信息重复地传递给消费者，目的就是强化消费者对品牌信息的记忆，阻滞或减缓品牌信息的自然衰减，让它长期保持在一个相对稳定的状态。

从厂商在一定间隔期后的第二次广告信息送达消费者起，这两次广告信息进行的是一种复杂的叠加活动。其中有初次接触信息的消费者，有首次接触已经遗忘的消费者第二次接触广告信息，也有首次接触已经记忆的消费者重复接触广告信息。以此类推，当厂商第 n 次投放广告信息时，有一定数量的消费者的记忆已经被多次重复巩固，从瞬时记忆转化为短时记忆，最终形成长时记忆，遗忘速率逐渐减缓，最终稳定在一个较高的记忆留存量水平线上，如图12-2所示。

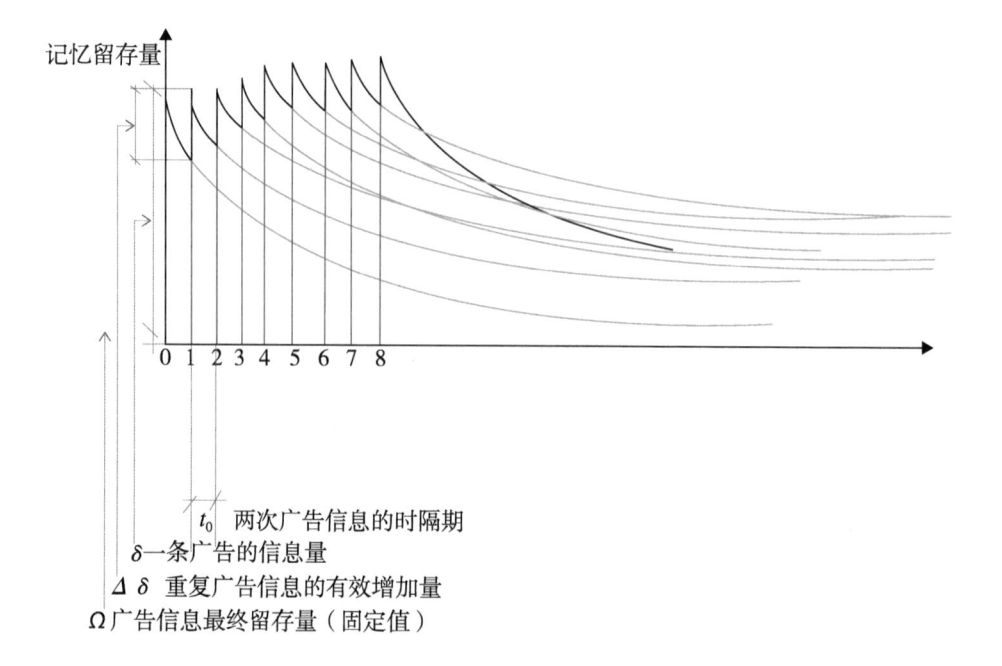

t_0 两次广告信息的时隔期
δ 一条广告的信息量
$\Delta\delta$ 重复广告信息的有效增加量
Ω 广告信息最终留存量（固定值）

图 12-2 几次广告投放消费者记忆留存量曲线

补充知识2：消费者的记忆系统

记忆系统分为学习的过程和学习的产出，消费者通过对产品产生感觉记忆、短时记忆和长时记忆，最终形成消费行为。

感觉记忆，也称为"瞬时记忆"。消费者在初次接触产品信息时，产品所展露出的信息会首先引起消费者的感觉刺激，形成感知，记忆保留时间极短，只能保留1~2秒，甚至不到1秒。消费者因为有感觉记忆，才能在观看产品广告时保证知觉的连贯性，不受眨眼和眼动的影响。

短时记忆是当感觉记忆被强化，消费者会对所接收到的产品信息进行解读，将其转化为对自己有用的信息，这一过程会在几秒或几毫秒之内完成，解读出来的信息经消费者大脑处理会形成短时记忆，记忆时长有较大的局限性。如果不在有效时间阈值内加以复述，信息会在短时间（可能是1分钟）内被遗忘。

长时记忆是短时记忆的信息被不断复述，并经过充分或一定的深度加工形成的长时间保留的记忆。消费者能够在大脑中长时间保留产品信息，将对自己有用的信息存储记忆。长时记忆一般会保存1分钟以上，最终达到终生难忘的程度。长时记忆形成了我们对世界的所有认知。

上述三种记忆是层层递进、相互转化的关系。感觉记忆与短时记忆属于学习的过程，长时记忆属于学习的产出。消费者注意到产品展露的信息，形成感觉记忆（瞬时记忆），通过大脑解读将其转化为对自己有用的信息，形成短时记忆，再经过巩固重复，充分加工形成长时记忆。当消费者再次需要某产品的信息时，会从长时记忆中提取相关信息形成短时记忆，并分解为多个感觉记忆刺激点，即有可能产生消费动机。

第 *13* 讲

消费者态度的形成与改变

态度是以一贯的喜爱或不喜爱的方式对一个事物发生反应的习惯倾向，是我们对所处环境的某些方面的动机、情感、知觉和认识过程的持久的体系，是对一种给定事物喜欢或不喜欢的反应，它影响并反映了个体的消费方式。

　　态度定义中的关键词是"一贯""喜爱或不喜爱""习惯""倾向"，说明态度是一种持久的状态和行为意向，态度并不是天然具有的，而是后天习得的，包含有情感的成分。

一、如何测量消费者态度

态度的测量是一个难题，正所谓"态度决定一切"，消费者的态度往往决定实际购买行为是否会发生，因此企业试图通过一系列营销活动影响和改变消费者的态度，最终促成其购买行为。如何测量消费者对自身产品、服务或者是品牌的态度，是众多商家想要攻克的难题。消费者的态度是一种内在的心理过程，想要准确测量有一定难度。目前常用的消费者态度测量方法有三种，分别是瑟斯顿等距量表法、李克特量表法以及语义差别量表法。

1.瑟斯顿等距量表法

瑟斯顿等距量表，又称为"等现间隔量表（the scales of equal appearing intervals）"，由美国心理学家瑟斯顿提出。

使用该量表测量消费者态度的操作步骤如下：①拟订多条有关事物态度的题目，题目用陈述句表达。②以等间隔方式，将题目按照强弱程度形成一个均衡分布的连续统一系统，并分别赋予量表值。③让被测者任意选择自己同意的题目，根据被测者所选题目的量值，来确定其态度的倾向及强弱程度。得分越高，表明态度的强度越高。

该量表的信度较高，测量效果较好；但制定过程费时费力，成本较高，因此未被广泛使用。

在国家标准《品牌评价 消费者感知测量指南》（GB/T 39071—2020）当

中，认知度的测量就采用了该方法。

2.李克特量表法

李克特量表由美国社会心理学家李克特（R.A.Likert）于1932年提出，该量表同样使用肯定或否定两种陈述语句提出众多有关态度的题目，要求被测者对各项陈述题目表明赞同或不赞同的程度。最后由主测者根据得分情况对被测者的态度倾向进行定量分析。供选择的态度程度意见在量表中用定性词给出，并分别标出不同的量值，态度程度一般可做5级或7级划分，如表13-1所示。

表 13-1　李克特量表法示例

题目	我赞成生产大（小）屏幕彩电						
等级	极赞成	赞成	有些赞成	无所谓	有些反对	反对	极反对
分数	-3	-2	-1	0	1	2	3

该量表操作简便，应用广泛，是管理学研究中最常用的一种量表，其缺点是不易准确测量较复杂的态度问题和比较敏感的问题。

3.语义差别量表法

由美国社会心理学家奥斯古德于1957年提出，此类量表由一系列两极性的形容词词对组成，并将其划分为7个等值的评定等级（有时也可以划分为5个或9个等值的评定等级）。

该量表制定时首先要确定和测量对象相关的一系列属性，对于每个属性，选择一对意义相反的形容词，分别放在量表的两端，中间划分为7个连续的等级。然后由受访者根据他们对被测对象的看法，评价每个属性，并在合适的等级位置上做标记，如图13-1所示。

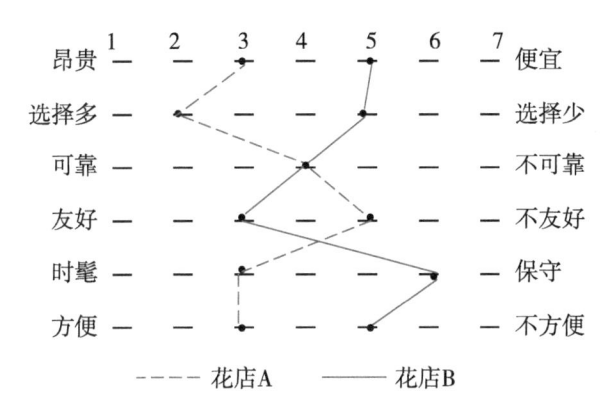

```
         1    2    3    4    5    6    7
   昂贵  —    —    —    —    —    —    —  便宜
 选择多  —    —    —    —    —    —    —  选择少
   可靠  —    —    —    —    —    —    —  不可靠
   友好  —    —    —    —    —    —    —  不友好
   时髦  —    —    —    —    —    —    —  保守
   方便  —    —    —    —    —    —    —  不方便

          ---- 花店A      ——— 花店B
```

图 13-1　语义差别量表法示例

上述三种方法当中，李克特量表法使用最为广泛，而对于较为复杂的态度的测量建议使用瑟斯顿等距量表法，能够得到较为准确的信息。

二、消费者态度的构成

态度由认知、情感和行为三个成分构成,其中,认知成分是指消费者对某一商品或劳务带有评价性的认识、理解等,情感是指在认知基础上对商品或劳务的情感体验,行为倾向也被称为"意向",是指消费者对态度对象做出的某种反应倾向,即消费者的购买意向。三者间具有一定的因果联系,消费者通常在认知的基础上形成对某对象的情感态度,决定行动方向。

态度具有一致性,即态度的三个组成成分倾向一致,其中一个成分的变化必然会导致其他成分的相应变化,态度的一致性特征也构成了营销传播的基础。

一般来说,消费者态度的形成是按照"认知→情感→行为"的顺序形成的,但这并不是唯一的路径,也可能是依照"行为→情感→认知"或"情感→行为→认知"的顺序形成的。"层级效应(hierarchy of effects)"的概念能够很好地解释这一现象。

第一,标准学习层级的模式就是"认知→情感→行为"的形成模式,该层级假设消费者对产品的决策过程同解决问题的过程一样。首先,消费者通过积累有关产品的知识形成自己的认知;其次,消费者评价这些认知并对产品形成一种感受(情感);最后,根据这些评价,消费者开始参与相关的行为。标准学习层级假设消费者对购买决策是高度参与的,他们愿意收集大量的信息,在仔细权衡利弊后慎重地做出决策。这种层级常见于消费者购买耐用品或价值较高的产品等需要消费者高度介入购买角色的消费类型。比如,当消费者决定买车时会先了解汽车的性能、外观、品牌等相关因素，在去4S店体验后再综合考虑做出购买决策。

第二，低介入层级的形成模式"认知→行为→情感"，是假设消费者最初并没有对任何品牌有一种特别强烈的偏好，而是先购买产品，并在使用之后才对其形成评价，所以持低介入层级态度的消费者不太在乎产品购买决策，这就意味着营销者对此类消费者施加的影响极其有限。这种层级下，消费者往往无心处理复杂的信息，其做出的决策很可能只是简单的"刺激—反应"的结果，常见于日用品购买过程中。比如，消费者了解到白象在"3·15"晚会后明确表示并未与被曝光的酸菜企业合作，于是选择购买白象品牌的酸菜口味的泡面，食用后发现味道很好，因此对"白象"品牌产生了好感。

第三，经验层级的形成模式"情感→行为→认知"强调消费者行为是基于情感反应的，产品包装设计、服务、品牌、广告等无形属性会影响消费者的态度。经验层级对应的是享受型产品的消费，在购买行为发生之前，消费者缺乏深刻的思考，仅仅依靠自身对产品的感受或情感进行消费，此后才产生对产品的认知。比如，鸿星尔克因多次默默捐款引发网友热议，众多消费者涌入直播间抢购鸿星尔克的产品，之后才逐渐了解所购买产品的相关信息。

三、"三管齐下"——如何改变消费者态度

根据态度结构诸因素趋于和谐的原则，认知、情感和行为中任一成分的改变都有可能引起其他成分的改变，进而引起态度的改变。这就表明，要改变个体的态度，既可以从认知成分入手，也可以从情感成分入手，还可以从行为成分入手，或者是同时从其中两种或三种成分入手。

首先，从消费者认知成分入手。改变消费者认知的策略有以下四种：①改变信念，改变信念就是改变消费者对品牌的一个或多个属性的利益特征，具体方法是提供有力的事实或描述，说明某一品牌产品的功能和利益优势。比如，通过包装创意化、品质高端化、品种特色化，对原本大众印象中的"土气"的农产品进行加工、包装，使其成为具有高附加值、适合作为礼品赠送的商品。②改变属性的权重，即营销人员强调本公司产品相对较强的属性是此类产品最重要的属性，以改变消费者的品牌认知。比如，钻戒品牌DR倡导"用一生爱一人"的真爱价值观，在品牌创立之初，便规定消费者凭身份证一生仅能为一人定制钻戒，传达了对爱情的专一和永恒承诺，符合大众对爱情和婚姻的最高追求。③增加新属性，在消费者的认知结构中增加新的属性概念，使消费者原先没有认识到或并不重视而本公司产品相对较强的属性成为影响消费者产品认知的重要属性。例如，洗发水的主要功效是清洁，使头发更加柔顺。海飞丝首次提出"去屑"这一概念，让更多消费者在购买时会重点考虑这一因素。④改变理想点，指在既不改变消费者的属性权重，也不增加新属性的条件下改变消费者对属性理想标准的认识。比如，百果园致力于为消费者提供高品质水果，提出"做最好吃的水果"的经营理念，以满

足消费者对口感美味、营养健康等方面的要求。

其次,从消费者情感成分入手。改变消费者情感成分的方法主要有三种:①经典条件反射。企业将消费者喜爱的某种刺激与品牌放在一起展示(如邀请人气明星作为品牌代言人),多次反复就会将消费者对该刺激产生的正面情感转移到品牌上来。②激发消费者对广告本身的好感。消费者如果喜爱一则广告,也能引发对该广告产品的正面情感,进而提高其购买参与程度,激发有意识的决策过程。比如,农夫山泉的经典广告语"我们不生产水,我们只是大自然的搬运工"就迎合了人们对水源健康、安全、自然的需求,体现了自然饮用水的卖点。③增加消费者与品牌的接触。大量的品牌接触也能增加消费者对品牌的好感。对于低度参与的产品,可以通过广告的反复播放提高消费者对品牌的喜爱程度,而不必改变消费者最初的认知结构。

最后,从消费者行为成分入手。消费者的行为可以发生在认知和情感之后,也可以发生在认知和情感之前,甚至可以与认知和情感相对立。在改变消费者的认知或情感之前改变其行为的主要途径是运用操作性条件反射理论。营销人员的关键任务是促使消费者使用或购买本企业产品,并确保产品的优异质量和功能,使消费者感到购买本产品是值得的。企业可以通过赠送优惠券、免费试用、附赠品及降价销售吸引消费者尝试购买新产品,以获得消费者好感并改变其品牌偏好。例如,在超市常见的试吃小推车,通过让消费者体验产品引导其产生购买行为。

补充知识：干扰消费者态度的因素

影响消费者态度的因素众多，不仅与企业采取的营销活动有关，也与消费者个人及情境有关，如传递者因素、传播信息因素、目标受众因素、相关者因素、情境因素等。

1.传递者因素

传递者是指传递产品信息、宣传产品知识的人。一般来说，影响说服效果的传递者特征主要有4个，即传递者的权威性、可靠性、外表的吸引力及受众对传递者的喜爱程度。

当消费者不太了解某产品或尚未对其形成看法时，一个可靠的信息源就非常有说服力。目前一种广泛用于建立可信度的方法是请专家或名人对产品进行宣传。有研究表明，相对于普通人的面孔，消费者更加关注名人面孔，在处理相关的信息时也更加高效，这也是公司愿意花大价钱邀请名人为产品做代言的原因。

举个例子。2017年以前，"大窑"还只是一个在呼和浩特地区有些知名度的饮料品牌。2022年2月，内蒙古大窑饮品有限责任公司签约一位著名演员作为品牌形象代言人，借助《长津湖之水门桥》拿下春节档票房冠军的热度，在新一线及二线城市的重点影城占位曝光"火"了一把，紧接着把"大汽水，喝大窑"的广告牌打到了地铁、机场、高速铁路，让大窑汽水成功"出圈"。

如今大窑已成长为年销售额30亿元，成功走出内蒙古、向全国市场进军的"网红"饮品。

2.传播信息因素

改变消费者态度是一个向消费者传播信息的过程，信息内容的选择和传播角度的选取，对能否有效地将信息传达给消费者并使之发生态度转变具有十分重要的影响。

举个例子。"认养一头牛"于2016年10月在杭州正式创立，公司以"只为一杯好牛奶"为使命，通过自建牧场、引进澳大利亚荷斯坦奶牛、开启精细化养殖模式等方式，在"养牛"上做宣传，向消费者灌输"奶牛养得好，牛奶才会好"的理念，将"品质好奶"的信息根植于消费者心中，增强消费者对品牌的信任感，进而激发其购买意愿。

3.目标受众因素

目标受众对信息的接收并不是被动的，他们对于信息传递者的说服有时很容易接受，有时则采取抵制态度，这在很大程度上取决于目标受众的特征。比如，"全棉时代"作为一个主要目标受众是女性的棉柔巾品牌，以"美女卸妆变丑，吓走尾随男子"的恶意广告宣传旗下卸妆湿巾产品，引起广大消费者的反感和愤怒。

4.相关者因素

消费者的态度通常是与消费者个人所属团体的期望和要求一致的。团体的规范和习惯力量无形之中会形成一种压力，影响团体内成员的态度。例如，不同文化背景下的消费者对产品的需求和偏好也会有所不同。

5.情境因素

舒适、吸引人的购物环境通常能激发消费者的购买欲望，如店铺布置、背景音乐、气味等因素能够影响消费者的购买决策。研究表明，消费者对于店铺环境的情感态度比他们对于产品本身的情感态度更加重要。比如，当消费者在一个气味令人愉悦的环境中购物时，更容易对该店铺或产品产生好感，进而提高交易成功率。

第 *14* 讲

消费者自我与个性

消费者"自我"与"个性"是"消费者行为学"和"市场营销"中的重要概念，它们相互关联，共同影响着消费者的购买决策和行为。

一、"我即是我"——消费者自我

在"消费者行为学"中，自我概念是指消费者对自身身份、角色和价值的认知与评价。自我概念可以影响消费者的购买决策和消费行为。消费者通常会选择那些与自我概念一致的商品或服务，并为了保持和强化自我概念购买那些能够提供"自我表达机会"的产品。例如，一个消费者可能认为自己是时尚潮流的追随者，他会购买最新的时尚服装和配饰，并以此来表达他对时尚的追求和自我认知。在这种情况下，时尚潮流的消费行为反映了消费者的自我概念以及其对自身的认知和评价。

自我概念是一个非常复杂的结构，它具有多重性，故而消费者的自我评价也可能是相当不准确的。正如莎士比亚在《皆大欢喜》中所说的："整个世界是一个舞台，所有男女不过是这舞台上的演员，他们各有自己的活动场所，一个人在其一生中要扮演很多角色。"

消费者自我概念的多重性体现在两个方面。

其一，消费者的理想自我与消费者的现实自我。"理想自我"和"现实自我"，是由著名心理学家艾尔伯特·斯密斯（Albert Ellis）提出来的概念。他用这两个概念区分了一个人的希望以及现实之间的差异。理想自我是一个人对希望自己成为怎样一种人的概念，简言之，就是"我想成为什么"；而现实自我是对自己拥有或者缺乏的特性所做的更加现实的评价，即"我现在是什么样子"。

消费者在选择某些产品时，有时是因为它们与现实自我相一致，有时是因为它们有助于达到理想自我的标准。例如，一个人可能希望购买一辆豪华汽车来体现自己的成功和地位，这是理想自我的体现。然而，如果财务状况不允许，他就会选择一款价格更实惠的汽车，这是现实自我的体现。这种理想自我与现实自我影响消费行为的情况更常见于品牌偏好。消费者可能偏爱某些品牌，因为这些品牌所代表的价值观、品牌形象和品牌理念等与他们的理想自我相契合。

举个例子。20世纪初，香奈儿女士以简洁、舒适、优雅的设计打造了独特的时尚王国，改变了当时女装过于绮丽的风尚，使当时的女性得以从束缚中解放出来。她首创"男装女装混穿"和"低调的奢华"的设计理念，将男性风格融入女性时装设计从而形成自己的设计风格，并且一改当时女性不能穿黑色衣服的传统，设计出风靡一时的"小黑裙"。她设计的时装之所以流行，不仅是因为其独特的款式造型，还是因为她的思想和设计理念得到了当时很多女性的认同，其所传达的理念和品牌精神使得香奈儿成为女性独立、自信、优雅的代表，香奈儿也随之风靡全球。由此可以看出，香奈儿的成功是通过准确的文化定位来获得消费者的认同感，满足了当时女性消费者的理想自我需求，借助文化的力量促使品牌与消费者走得更近。

总的来说，理想自我与现实自我在消费行为中的体现是一种复杂的心理过程，它们相互作用并影响消费者的购物决策和体验。因此，在开展营销活动时，需要准确了解消费者的理想自我和现实自我，以便更好地满足消费者的需求和期望。

其二，消费者的个人自我与消费者的社会自我。个人自我和社会自我用于描述个体在不同环境下的自我认知与表现。个人自我指的是个体在私密、非公共环境下的自我形象和认知，它更多地关注个体的内在需求、情感、价值观和信念等，即"我对我自己怎么想或我对我自己怎样"。社会自我是指个体在社交、公开的环境下的自我形象认知，它更多地考虑社会的期望、规范、角色和身份等，即"别人怎样看我或我希望别人怎样看我"。

消费者在日常生活中也常常会面临个人自我与社会自我的抉择。例如，现在网络上形容年轻人上下班的状态是"上班打工人，下班都市丽人"，恰恰反映了年轻人个人自我与社会自我的割裂感。这种不同环境、不同身份的自我认知往往也影响着消费者的购物决策。比如，在校大学生在挑选服装时可能更多地考虑个人自我，追求舒适、时尚等，而职业人士可能会更倾向于选择购买符合自己职业形象的服装，以展示自己的专业性和社会地位。

在"消费者行为学"中，个人自我和社会自我是相互作用的，个体在消费过程中既会考虑自己的个人需求和偏好，也会考虑社会期望和群体归属感，有时候很难进行明确的区分。

二、"我就是我"——消费者个性

在日常生活中，体现个性的行为随处可见。一个人可能有自己独特的穿衣风格，或时尚前卫，或复古怀旧；一个人可能有独特的言谈举止，或幽默风趣，或温文尔雅；等等。每个人的个性都是独一无二的，是构成个体特色的重要因素之一。那么，什么是个性？

"个性"一词最初来源于拉丁语 Personal，开始是指演员所戴的面具，后来指演员——一个具有特殊性格的人。著名心理专家郝滨先生认为："在一个群体内，个性可界定为个体思想、情绪、价值观、信念、感知、行为与态度之总称，它确定了我们如何审视自己以及周围的环境。它是不断进化和改变的，是人从降生开始，生活中所经历的一切总和。"简单来说，个性就是个体独有的并与其他个体区别开来的整体特性，具有一定倾向性的、稳定的、本质的心理特征的总和，是一个人共性中所凸显的一部分。

在消费行为中，个性往往会影响消费者的品牌偏好、购买决策方式及其消费行为的稳定性。在一项依据大五人格理论模型对化妆品消费人群所做的研究中发现：针对高外向性消费者的特点，店铺设计应注重环境的美观性，同时，企业应推出参与性强的营销活动，增加外向性消费者的参与度；而内向性女性消费者具有保守、安静、喜欢独处等特点，因此，产品设计应遵循简单、低调的原则，在宣传内容上应重点突出产品选择天然原料、无人工添加剂等特点。

由此可以发现，准确把握消费者个性对品牌营销具有重要作用。通常来说，私人定制、奢侈品及小众品牌都能够更好地满足消费者的个性化需求。私人定制产品可以完全按照消费者的要求和喜好来定制，从而实现独一无二的个性化体验；奢侈品则往往具有独特的设计、高品质的材料和精湛的工艺，以吸引那些追求独特和品质的消费者；而小众品牌通常更加注重设计的独特性和个性化，它们的产品往往不那么大众化，更能够满足一些消费者对于与众不同的追求。

举个例子。GUCCI（古驰）推出了名为"DIY（Do It Yourself）"的私人定制服务，顾客可以在部分产品上添加个性化的刺绣、贴纸或标签，定制出符合自己风格的产品。这种定制服务使顾客能够在已有的经典设计的基础上，增添自己的个性元素。如曾与古驰合作过的各界艺术家与创意人士为该项目创作了一系列极具趣味性又充满生命力的作品，作品中以饰有他们姓名首字母的Ophidia系列手袋或Ace系列球鞋为主题，从他们的艺术视角展现自我表达的创作理念。这些私人定制服务为消费者提供了更个性化的、独一无二的购物体验，满足了他们对于与众不同的追求。

消费者的个性是个人成长过程中由先天的本质和后天的经验共同作用的结果，消费者可以在消费过程中塑造并展现自己的个性。

三、大五人格

20世纪80年代以来，人格研究学者在人格描述模式上达成共识，提出人格五因素模式，称为"大五人格"。由于人类个性特征的复杂性、抽象性、多重性和易变性，个性研究一直处于探索的状态。到目前为止，大五模型（Big Five Model）是所有这些研究中得到普遍认同的个性结构，其人格因素及相关特征如表14-1所示。

表14-1　大五模型人格因素及相关特征

高分者特征	特质量表	低分者特征
烦恼、紧张、情绪化、不安全、不准确、忧郁	神经质（N）	平静、放松、不情绪化、果敢、安全、自我陶醉
好社交、活跃、健谈、乐群、乐观、好玩乐、重感情	外倾性（E）	谨慎、冷静、无精打采、冷淡、厌于做事、退让、话少
好奇、兴趣广泛、有创造力、有创新性、富于想象、非传统的	经验开放性（O）	习俗化、讲实际、兴趣少、无艺术性、非分析性
心肠软、脾气好、信任人、助人、宽宏大量、易轻信、直率	宜人性（A）	愤世嫉俗、粗鲁、多疑、不合作、报复心重、残忍、易怒
有条理、可靠、勤奋、自律、准时、细心、整洁、有抱负、有毅力	认真性（C）	无目标、不可靠、懒惰、粗心、松懈、不检点、意志弱、享乐

资料来源：MBA智库。

在"消费者行为学"中，大五人格理论可以用来理解和预测消费者的购买决策和行为。例如：宜人性高的消费者可能更倾向于与他人合作，更容易受到他人的影响，这可能导致他们更注重产品的社会影响或品牌的社会责任，他们可能更愿意购买与其价值观相符的产品；外向性较高的消费者可能更倾向于购买与社交相关的产品或服务；开放性高的消费者对创新性和独特性更加敏感，可能更愿意尝试新奇的产品或体验；神经质高的消费者可能更容易受到压力和情绪波动的影响，这可能导致他们在购买决策中更加情绪化，更容易受到广告和促销活动的影响；认真性高的消费者可能更注重秩序和自律，更倾向于做出深思熟虑的购买决策。

总的来说，大五人格理论可以帮助市场营销人员更好地了解消费者的个性特征和行为倾向，从而更精准地制定营销策略、定位目标市场和设计产品服务。

补充知识1：弗洛伊德的冰山理论

弗洛伊德认为，人类心智活动可以比喻为一座浮在水面上的冰山（见图14-1），其中只有一小部分是显性意识，而更大部分是潜意识。冰山理论的核心观点是，人的行为和情感不仅受到意识层面的影响，还受到无意识和前意识层面的影响。弗洛伊德认为，解决心理问题和理解人的行为需要深入探索无意识的层面，以便揭示隐藏在"冰山"深处的冲突和欲望。

弗洛伊德将潜意识分为前意识和无意识两个部分。在弗洛伊德的心理学理论中，无意识、前意识和意识虽是三个不同层次，但又是相互联系的系统结构。他将潜意识分为两种："一种是潜伏的但能转化为有意识的"潜意识——前意识，"另一种是被压抑的且不能用通常的方法使之变成有意识的"潜意识——无意识。

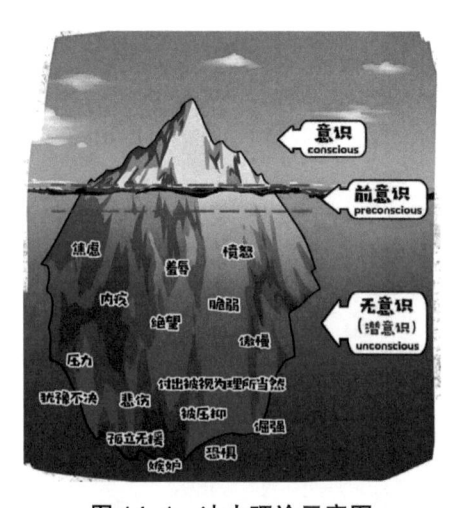

图14-1 冰山理论示意图

前意识是介于意识和无意识之间的心智层次。它包括那些我们可以轻松地带入意识的信息，但这些信息通常没有被激活或被注意到。这些信息可能是我们刚刚遗忘的记忆，也可能是目前没有在注意力焦点的思维。前意识中的信息可以通过一定的努力或引导带入意识中。例如，当我们试图回忆某个名字或已忘记的信息时，这些信息可能会从前意识中浮现到意识中。"前意识"的概念强调了在意识之外存在的信息，它们可能对我们的思维和行为产生影响，尽管我们不一定能意识到它们。

无意识是冰山模型的底层，也是最复杂和神秘的部分。无意识包含着我们无法直接访问或控制的心智内容，其中包括深埋的冲突、欲望、恐惧和情感。弗洛伊德认为，无意识是许多心理问题的根源，包括神经症、精神分裂症和焦虑症等。在无意识中存在许多心理过程，如本能冲动、原始欲望、压抑的思维和情感，以及童年经验的痕迹。无意识也是梦境的来源，弗洛伊德认为，梦境是无意识中冲突和欲望的表现方式。通过分析梦境和自由联想等技术，人们可以试着解码无意识中的信息，以帮助了解个体的心理问题和挣扎。

补充知识2：消费者虚拟诉求

消费者虚拟诉求指的是那些隐藏在消费者内心深处、尚未被明确意识到或明确表达出来的潜在需求，而这些需求可以被营销者敏锐地捕捉并通过巧妙的策略进行引导和塑造。以牙膏为例，在其被生产出来之前，人们并未意识到保持口腔清洁的重要性，更没有形成刷牙的习惯；然而，随着牙膏的不断推广和市场教育的逐步深入，这一虚拟诉求逐渐被激发和满足，成为人们日常生活中不可或缺的一部分。

这种不断挖掘消费者虚拟诉求的行为在营销学上来讲类似于市场细分，它涉及目标市场的识别、消费者需求分析、细分变量确定、细分市场形成、细分市场评估、市场策略制定以及实施与监控等多个方面。通过有效的市场细分，营销者可以更加准确地了解消费者的潜在需求，制定更具针对性的市场策略，从而实现市场占有率和盈利能力的提升。

举个例子。宝洁公司是全球最大的日用消费品公司之一，其在洗发水行业的营销通过强调产品的功能和效果，以及使用产品所带来的好处，激发并引导消费者的虚拟诉求，实现全方位、多元化的商业布局。宝洁公司旗下的洗发水品牌，如海飞丝、潘婷、沙宣等，每个品牌都有其独特的定位和特点，满足了不同消费者的需求。例如，海飞丝主打去屑功能，潘婷则强调护发养发，而沙宣专注于时尚造型，并通过科学实验或对比实验来展示产品的去屑、护发、柔顺等功效，让消费者感受到产品的实际效果。这种明确的品牌定位、丰富的产品线、强调产品功效、注重品牌建设及市场细分的方式，使宝洁公司成功地在洗发水市场占据了重要地位。

因此，对于营销者而言，识别并满足消费者的虚拟诉求，具有至关重要的战略意义。通过深入研究消费者心理和行为，营销者可以挖掘出隐藏在消费者内心深处的潜在需求，进而开发出符合这些需求的产品或服务。这样不仅能够满足消费者的需求，提升他们的生活质量，更有可能在市场中开辟出一片全新的"蓝海"，创造出巨大的商业机会。

消费者自我、消费者个性与虚拟诉求之间存在着密切的关联。消费者的自我认知和个性特点塑造了他们对虚拟诉求的需求与偏好，虚拟诉求也可以作为表达与彰显消费者自我和消费者个性的一种方式。消费者通过购买特定的品牌、产品或服务来展示自己的身份认同和个性特征。了解和把握这些概念之间的关系，有助于企业更好地满足消费者的需求，提升产品或服务的吸引力和竞争力。

第 15 讲

消费者的价值观与生活方式

价值观是一个人判断是非对错、美丑黑白的基本标准。价值观对行为具有重要的影响作用，可以说是行为的准则，在个人认知系统中价值观占据着核心位置。通过对价值观与消费行为关系进行研究，可以了解消费者的消费倾向、消费意向，解释消费者消费不同商品的深层次原因，对企业开展有效的营销活动有重要的指导意义。

一、消费者的价值观是怎样形成的

价值观是人们形成的一种对具体行为模式和生活意义的持久信念，它是人们在处理事物时表现出的一种稳定的好恶态度。一个人的价值观是通过学习及对自身经验的不断抽象化而逐渐形成的，具有稳定性和持久性的特点，具体表现为在特定的时间、地点、条件下，人们的价值观总是相对稳定和持久的。

在不同时代、不同社会生活环境中形成的价值观是不同的。一个人所处的社会环境及其经济地位，对其价值观的形成有决定性的影响。此外，网络、电视和广播等宣传的观点以及父母、老师、朋友和公众名人的观点与行为，对一个人价值观的形成也有不可忽视的影响作用。比如，当下的年轻人崇尚"断舍离"的生活理念，提倡及时清理家里不需要、不合适的东西，而老年人崇尚"节俭持家"，认为丢弃不再需要的东西是一种严重的浪费。

正如学者施瓦兹所认为的那样，价值观一旦形成对人们生活的各个领域都有影响。作为影响个人行为方式的重要因素，价值观为购买行为的发生提供了一个强大的内在驱动力，起到很大的消费导向作用，它能够影响消费者最终的消费决策。

举个例子。对于买房这件事，不同的人因为持不同的价值观念会产生不同的消费行为。有的人提倡及时行乐，选择贷款买房，在享受住房权利的同时分期还款；而有的人崇尚延时满足，通过努力工作攒到足够的钱再一次性付清房款。

二、生活方式与消费行为

生活方式就是人是如何生活的,具体来说,它是个体在成长的过程中,在与社会诸多因素交互作用下表现出来的活动、兴趣和态度模式。生活方式的影响因素有许多,譬如价值观、社会阶层、个性、个人经历等。

生活方式的概念与研究最初起源于心理学与社会学,常见于社会阶级、地位等相关研究,后被美国学者Lazer于1963年首次引入市场营销领域,他认为"生活方式"是一个系统的概念,代表着某一个群体或社会阶层在生活上所表现出来的特征,这些特征具体表现在一个动态模式中是文化、价值观、人口统计变量及营销活动等各个层面的综合体,自此生活方式概念的应用从社会学领域延伸至营销学领域,如图15-1所示。

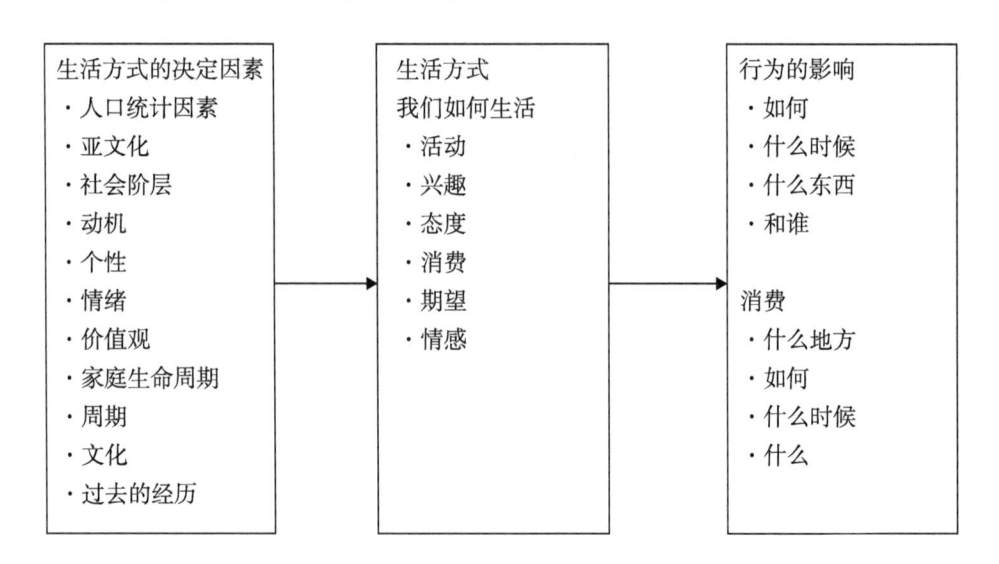

生活方式的决定因素	生活方式 我们如何生活	行为的影响
·人口统计因素 ·亚文化 ·社会阶层 ·动机 ·个性 ·情绪 ·价值观 ·家庭生命周期 ·周期 ·文化 ·过去的经历	·活动 ·兴趣 ·态度 ·消费 ·期望 ·情感	·如何 ·什么时候 ·什么东西 ·和谁 消费 ·什么地方 ·如何 ·什么时候 ·什么

图 15-1 生活方式概念在营销学领域的应用

生活方式有广义和狭义之分。广义的生活方式是指人们在不同的领域中，包括工作、社会和政治生活中的活动方式；狭义的生活方式则是指人们在生活中所表现出的活动、兴趣和态度模式。对应某种消费模式，包括消费观念，如何支配时间和金钱，等等。生活方式是自我概念的外在表现，反映出消费者同外部环境互相影响的全部特征。从营销的角度来看，消费者的购买及消费行为，就反映出一个社会或群体的生活方式。

在价值观与生活方式的关系上，学术界普遍认为价值观能够显著影响消费者的生活方式，生活方式又能够通过消费行为体现，即个人内隐的自我概念通过生活方式表现为外在的行为模式。比如，在对消费者进行有关生活方式的问卷调研时，研究人员发现，选择"自尊心""受人尊重"及"归属感"选项的受访者，比其他受访者更容易购买健康及美容用品。

当消费者产生消费行为时，会根据个人的生活方式，也就是其支配时间及金钱的方式，再加上个人人格特质及价值观，决定要选择的产品及其所追求的效益，甚至也就成为其个人特定的消费方式。

举个例子。在国际奢侈品行业中，奢侈品被界定为"一种超出人们生存与发展需要范围的，具有独特、稀缺、珍奇等特点的消费品"，又称为"非生活必需品"。

伴随着中国经济的快速发展，奢侈品这个曾经远离大众视野的"贵族"产品正快速渗透中国市场，并成为众多消费者所接受和追捧的对象。近几年，高档奢侈品在中国内地市场的渗透力迅速扩大，中国消费者成为全球奢侈品消费的重要力量。有研究指出，炫耀性消费是消费者选择购买奢侈品的主要动机之一，作为一种非生活必需品，奢侈品满足了人们的精神需要，为其带来更多的愉悦和享受，彰显了消费者的财富、身份和地位。购买奢侈品这一行为给消费者带来了"优越感"，向他人传达了自己的"成功"，保住了"面子"。不同文化与价值观的消费者对于奢侈品抱有不同的观点与看法，有的人认为奢侈品是身份的象征，也代表了个人追求美好生活、积极进取的生活态度；有的人却认为许多奢侈品的品质与价格并不匹配，购买奢侈品更是虚荣和攀比的表现。

三、如何引导消费者的价值观

正如第一节所说的，价值观是人们在长期生活积累中所持有的稳定的观念，一般情况下难以改变。价值观是消费行为的重要影响因素，因此企业在制定营销策略之前应当首先进行市场细分，对目标消费者的价值观、生活方式等进行调查后再制定与之匹配的营销策略，以保证营销成本投入产生一定的效益。对于那些与消费者传统价值观念相悖，甚至具有一定颠覆性的产品来说，营销人员该采取何种营销方式，才能够引导消费者的价值观发生变化，使产品在市场上受到大众的欢迎呢？以下是几个通过广告引导、转变消费者价值观的典型案例。

例子一

过去人们要喝咖啡就要煮咖啡豆，既费时又费事，为家庭主妇增加了许多工作量。雀巢公司于20世纪40年代推出了速溶咖啡，这种速溶咖啡物美价廉，而且特别节省时间，理应在市场上大受欢迎；然而，雀巢咖啡在诞生之初并没有受到消费者的青睐，反而备受冷落。在深入调查后发现主妇舍弃速溶咖啡主要是为了躲避"偷懒"之嫌，她们不愿意接受这种让其他人觉得自己是为了"偷懒"而使用的产品。在当时的时代背景下，"家庭主妇应该好好照顾家庭，不应该偷懒"是社会上普遍存在的文化价值观，在短期之内难以改变。于是厂商在营销推广上不再突出速溶咖啡不用煮、不用洗煮咖啡的工具等省时省事的特点，转而强调速溶咖啡具有美味、芳香的特点，以咖啡的色泽、质地来吸引消费者，通过广告暗示消费者"速溶咖啡能使家庭主妇有更多的时间照顾孩子、陪伴丈夫，做个更称职的家庭主妇"，以此避开家庭主妇偏见的锋芒，这一消极印象被克服后，速溶咖啡的销路就此被打开。

例子二

钻石在刚被发现的时候，并没有什么具体的用途，也没有被用作饰品。后因其数量稀少、外表美观，被用于装饰皇室家族的首饰及祭祀仪式，并逐渐成为贵族和富人的奢侈品。直到1951年，世界上第一个钻石销售机构——戴比尔斯，推出著名的广告语"钻石恒久远，一颗永流传（A diamond is forever）"，才将钻石与爱情联系在一起。从此以后，钻石就成为纯洁无私、矢志不渝的爱情的象征，而钻戒就被当成爱情的信物在全世界广泛流传开来。

例子三

被誉为"冰淇淋中的劳斯莱斯"的哈根达斯，有别于其他走亲民化路线的冰淇淋，其传达的是一种高品质生活的消费理念。哈根达斯的著名广告语"爱她，就请她吃哈根达斯（If you love her, take her to Haagen-Dazs）"，赋予产品珍贵的情感价值，将冰淇淋与甜蜜的爱情联系在一起，让消费者对哈根达斯衍生出除冰淇淋以外的诸多美好遐想，使哈根达斯超脱了普通的冰淇淋，成为情侣的爱情信物。

补充知识：生活方式的测量

企业通过对消费者的生活方式进行测量，获取不同类型消费者在某些活动和消费上的差异，并据此制定相应的营销策略。目前较为流行的测量消费者生活方式的方法是活动、兴趣、意见测量法（AIO量表法）以及价值观和生活方式结构法（VALS法）。

（1）活动、兴趣、意见测量法。

活动、兴趣、意见测量法，即AIO量表法，主要是通过问卷测定消费者的活动（Activity）、兴趣（Interest）和意见（Opinion），并根据结果将其区分为不同的生活方式类型。其中活动是指消费者日常参与的活动，如消费者从事哪些活动，购买哪些产品，如何利用业余时间；兴趣是指消费者的偏好和优先考虑的事情，如消费者关心哪些事情，对哪些食物特别有兴趣；意见是指消费者对事物所持的看法，如对新产品、新事件等的看法和感受。

（2）价值观和生活方式结构法。

迄今为止，最受市场营销经理推崇的关于生活方式的应用研究是美国斯坦福国际研究所（SRI）的价值观和生活方式项目。它将美国成年人进行系统分类，共分为9个类别，分别是求生者、维持者、归属者、竞争者、成就者、我行我素者、体验者、社会良知者、综合者。SRI在1989年又引进了被称为"VALS 2"的新系统，该系统有着更为广泛的心理学基础，而且更加侧重于活动与兴趣。VALS 2根据资源多寡及自我取向（原则、地位、行动）两个层面将消费者分为8个类型，即实现者、完成者、信奉者、成就者、奋争者、体验者、制造者、挣扎者。

表15-1是AIO问卷表中的一些典型问题。

表15-1　AIO问卷表中的一些典型问题

1.活动方面的问题

（1）何种户外活动你每月至少参加两次？

（2）你一年通常读多少本书？

（3）你一个月去几次购物中心？

（4）你是否曾到国外旅行？

（5）你参加了多少个俱乐部？

2.兴趣方面的问题

（1）你对什么更感兴趣，运动、电影还是工作？

（2）你是否喜欢演讲新事物？

（3）出人头地对你是否很重要？

（4）星期六下午你是愿意花两个小时陪你妻子，还是愿意一个人外出钓鱼？

3.意见方面的问题（回答"同意"或"不同意"）

（1）俄罗斯人就像我们一样。

（2）对于是否流产，妇女应有自由选择的权利。

（3）教育工作者的工资太高。

（4）CBS（哥伦比亚广播公司）由东海岸的自由主义者在动作。

（5）我们必须做好应对核战争的准备。

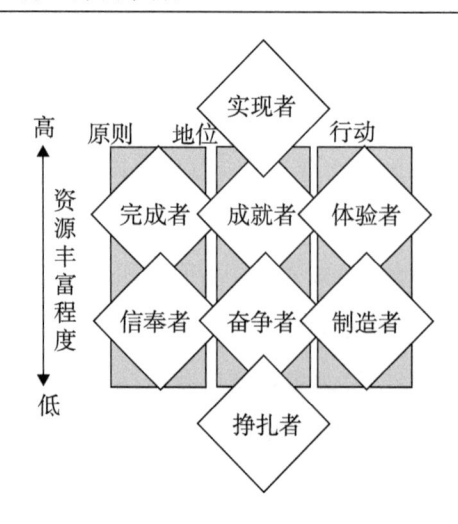

第 16 讲
以营销视角解构消费者

营销活动通常发生在市场中的,所以理解市场的概念和组成十分重要。我们在第三讲中也提到过,市场是指某种产品所有现实购买者和潜在购买者需求的总和。"现代营销学之父"菲利普·科特勒（Philip Kotler）指出,市场是由一切具有特定欲望和需求,并且愿意和能够以交换来满足这些需求的潜在顾客组成,即"市场＝人口＋购买力＋购买欲望"。

现代市场营销战略的核心为STP战略,由市场细分、目标市场选择、市场定位三个部分组成,通过市场细分选择目标客户,进而以此为根据确定目标市场,最后进行市场定位。

一、市场细分

市场细分是根据消费者需求的差异性，以影响消费者需求和欲望的某些因素为依据，将一个整体市场分成两个或两个以上的消费者群体，每一个需求特点相类似的消费者群体构成一个细分市场。

市场细分对企业来讲具有重大作用。首先，市场细分有利于企业特别是中小企业发现最好的市场机会。随着社会经济的飞速发展以及人们收入水平的不断提高，消费者的需求不断变化，通过深入分析消费者需求，进行市场细分，企业可以发现新需求的增加并快速调整策略，为企业创造良好的外部环境机会。其次，市场细分有利于企业准确选择自己的目标市场。消费市场的广阔性与企业营销资源的有限性使得任何企业都不可能满足消费者的所有需求，企业需要通过细分市场识别目标市场，找准自己的目标客户群体，使所提供的产品或服务能够更好地满足目标客户群体的需求。最后，市场细分还可以使企业以最少的经营费用取得最大的经营效益。当企业确定了争取的目标市场后，通过精准营销，集中人力、物力、财力到特定的目标客户群体，可以减少"广撒网式"营销造成的资源浪费，从而节约企业成本，达到降本增效的目的。

消费者市场的细分标准有以下几个：第一，地理因素，即按消费者居住的地区和地理条件来划分，主要包括国界、气候、人口密度、区域、城乡、交通条件、地形、城市规模等；第二，人口因素，通常根据人口统计变量，如国籍、民族、人数、年龄、性别、职业、教育、宗教、收入、家庭人数、家庭生命周期等因素进行市场细分；第三，心理因素，包括消费者的生活方式、性格、购买动机等，通过心理因素的分析，企业可以发现新的市场机会和目标市场；第四，行为因素，即根据消费者的不同购买行为来进行市场细分，包括追求利益、品牌商标忠诚度（品牌偏好）、使用者地位、使用频率等。

市场细分是企业制定市场战略的关键步骤，它应以深入的市场调查为基础。因为消费者需求受众多因素影响，细分市场的标准也应多样化；同时，考虑到市场是动态变化的，细分市场的标准也应随之调整。在进行市场细分时，企业还需要评估其可行性，确保细分后的市场具有足够的规模、可识别性、可接近性、稳定性和盈利性。因此，有效的市场细分不仅要求企业深入了解消费者需求和市场动态，还需要企业具备灵活应对市场变化的能力，并评估市场细分的实际效果，以确保市场策略的成功实施。

举个例子。飘柔一直是中国洗发水市场的领导品牌，这得益于其精准的市场细分策略。飘柔根据中国女性的发质特点和护理需求，将市场细分为不同的子市场，并针对不同子市场推出不同的产品。例如，飘柔根据中国女性对美丽秀发的追求，将市场细分为柔顺秀发市场。这个子市场的消费者注重头发的柔顺度和光泽度，因此飘柔推出具有柔顺效果的洗发水产品，如去屑二合一洗发水、具有焗油效果的二合一洗发水等。此外，飘柔还根据不同消费者的发质需求，将市场细分为不同的发质类型市场，如干燥发质市场、油性发质市场、易损发质市场等。针对不同发质类型，飘柔推出不同的洗发水产品，如轻盈均衡滋润二合一洗发水、首乌黑发二合一洗发水等，以满足不同消费者的需求。飘柔通过精准的市场细分策略，成功地将自己定位为中国洗发水市场的领导品牌。这种策略不仅满足了不同消费者的需求，也提高了品牌的竞争力和市场占有率。

二、目标市场选择

目标市场选择指的是企业在市场细分的基础上,选择一个或多个细分市场作为自己的目标市场。这个选择过程依赖于企业对自身资源、能力和发展目标的考量,同时需要考虑细分市场的规模和发展前景,包括现实的和潜在的需求量及其发展趋势,以及细分市场的吸引力。

为什么要选择目标市场呢?目标市场的正确选择对于企业来说是一件至关重要的事情,这关系到新的产品在推出之后能否迅速抢占市场。不是所有的子市场对本企业都有吸引力,任何企业都没有足够的人力资源和资金满足整个市场的需求或追求过大的目标,只有扬长避短,找到有利于发挥本企业现有的人、财、物优势的目标市场,才不至于在庞大的市场上瞎撞乱碰。

选择目标市场一般运用以下三种策略。

第一,无差别市场策略。无差别市场策略就是企业把整个市场作为自己的目标市场,只考虑市场需求的共性,而不考虑其差异,运用一种产品、一种价格、一种推销方法,吸引尽可能多的消费者。

举个例子。美国可口可乐公司从1886年问世以来,一直采用无差别市场策略,生产一种口味、一种配方、一种包装的产品,以满足世界156个国家和地区消费者的需要,其可乐产品被称作"世界性的清凉饮料",公司资产达74亿美元。由于百事可乐等饮料的竞争,1985年4月,可口可乐公司宣布要改变产品配方,不料在美国市场掀起轩然大波,许多电话打到公司,对其改变可口可乐配方的决定表示不满和反对，最终公司不得不继续大批量生产传统配方的可口可乐。可见，采用无差别市场策略，产品在内在质量和外在形式上必须有独特风格，才能得到多数消费者的认可，从而保持相对的稳定性。

无差别市场策略常见于拥有单一产品线的企业，其产品规格、款式等较为简单，能够通过标准化大量生产，降低企业生产及管理成本，而且更容易凭借大规模的广告宣传和分销渠道快速占领消费市场，增强消费者对产品的认知，使其在无提示的情况下优先选择自己较为熟悉的品牌产品；但如果同类竞争企业也采用这种策略，由于产品同质化严重，必然会导致激烈的市场竞争。

第二，差别性市场策略。差别性市场策略将整个市场细分为若干子市场，针对不同的子市场，分析其市场特点及消费者特征，设计不同的产品，提供差异化的产品和服务，制定不同的营销策略，以满足不同的消费需求，从而在竞争中脱颖而出。

举个例子。苹果公司在推出 iPhone 时采用了差别性市场策略。他们将市场细分为各种人群，比如职业人士、年轻人、学生等，并根据不同的人群需求推出不同型号的产品，比如 iPhone SE、iPhone Pro Max 等。这种差异化的市场策略使苹果公司在市场上获得了相对较高的销售利润。

企业采用差别性市场策略，可以更好地满足消费者的不同需求，最大限度地挖掘每个子市场的销售潜力，从而有利于扩大企业的市场占有率，降低企业的经营风险；但多样化的广告以及多渠道的分销等费用支出会大幅增加企业的经营成本，这也是很多企业做差异化营销，市场占有率扩大了，销量增加了，但利润反而降低了的原因所在。

第三，集中性市场策略。集中性市场策略就是在细分市场的基础上，企业选择一个或少数几个细分市场作为目标市场，并对其开展密集的营销活动，实行专业化生产和销售，以提高市场占有率。

举个例子。星巴克通过将有限的资源集中在高端咖啡市场，提供优质咖啡及独特的消费体验，满足了特定消费群体的需求。在竞争激烈的市场中，星巴克通过集中性营销策略成功地与其他咖啡品牌区分开来，吸引了特定的消费群体。经过多年的发展，星巴克某种意义上已经成为中高端人群生活的必备品，从年轻人的朋友圈打卡到抢购星巴克的周边产品，这都要归功于星巴克成功打造的品牌形象，而良好的品牌形象也赋予星巴克更高的附加商业价值，吸引了更多的消费者，提高了目标客户的消费频次。

采用集中性市场策略，企业需要将资源集中在特定的目标市场，这有利于产品适销对路，降低成本，提高企业和产品的知名度，但有较大的经营风险。因为其目标市场范围小，品种单一，使得企业对环境的适应性、灵活性较差。如果目标市场的消费者需求和爱好发生变化，企业就可能因应变不及时而陷入经营困境，当有强有力的竞争者打入目标市场时，企业也会受到严重影响。

选择适合本企业的目标市场策略是一项复杂的工作。企业内部条件和外部环境在不断发展变化，经营者要不断通过市场调查和预测，掌握和分析市场变化趋势及竞争对手的条件，扬长避短，发挥优势，把握时机，采取灵活的适应市场态势的策略，实现企业自身利益最大化。

三、市场定位

市场定位是企业对其产品及企业形象进行设计，从而使企业及其产品在目标消费者的心目中占有一个独特的、有价值的位置，树立企业及其产品的特定形象。

"定位"是针对广告效果日益下降的解决方案，延续了大卫·奥格威的"所有广告都应该是为品牌资产增加服务的"这一论断。最初的定位就是广告定位，当迈克尔·波特将"定位"的概念引入战略管理时，"定位"的概念逐渐泛化，其含义演变为"从现在到愿景的路径"。在"广告定位"之后，先后出现了"营销定位""品牌定位""战略定位""企业定位"等概念，后经学者整理形成了现在的定位体系，如图16-1所示。

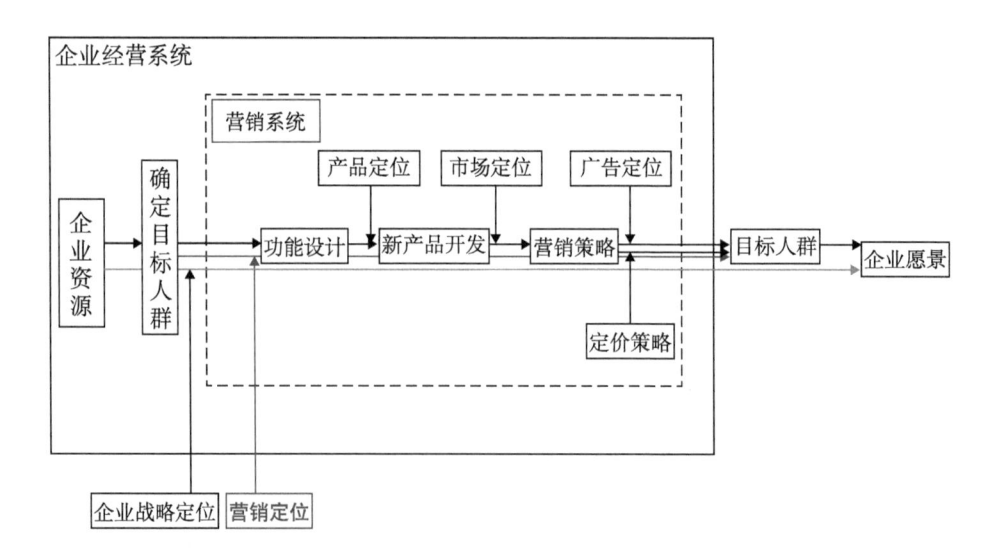

图 16-1 企业经营系统中的定位体系

市场定位的实质可以说是对消费者心理的深入理解与定位。这主要源于定位理论的核心思想，即占领消费者心智。这意味着企业需要通过深入的市场研究，了解消费者的需求、偏好、价值观和心理特征，然后根据这些信息来确定企业的产品或服务在市场上的位置。例如，高端品牌通过强调品质奢华及产品的独特性，吸引追求高品质生活的消费者；而一些新兴品牌可能通过创新、个性化或环保等理念，吸引具有特定价值观的消费者。

市场定位有三种方式，分别是避强定位策略、迎头定位策略和重新定位策略。

（1）避强定位策略。避免与强有力的竞争对手直接对抗，通过寻找市场中的空隙或细分市场，将产品或服务定位在满足消费者群体的特定需求上。避强定位策略的优势在于，品牌能够迅速地在市场上站稳脚跟，并在消费者心中树立独特形象，同时市场风险相对较小，成功率较高。

（2）迎头定位策略。这种策略是与市场上的主导品牌或领导者直接竞争，试图在相同的市场空间中占据一席之地。迎头定位需要企业具备强大的实力和资源，能够正面挑战竞争对手，并通过提供更好的产品或服务来吸引消费者。这种策略的风险较高，而一旦成功，可以获得较大的市场份额。

（3）重新定位策略。当产品或服务在市场上表现不佳，或者市场环境发生变化时，企业可能需要重新考虑品牌的市场定位。重新定位可以是对原有的市场定位进行调整，也可以是完全改变原有的定位策略，重新寻找市场机会。这种策略的目的是使企业摆脱经营困境，重新获得销售增长和活力。

在实际应用中，企业可以根据自身实力、市场环境、消费者需求等因素来选择适合的市场定位策略；同时，随着市场环境的不断变化及消费者需求的演变，企业需要不断调整和完善市场定位策略，以保持竞争优势并实现可持续发展。

举个例子。某家公司生产高端健身器材，通过STP理论来确定其营销战略。首先是市场细分（Segmentation）。公司对整个市场进行细分，以识别具有相似需求和特征的消费者群体。他们可能会将市场分割为以下几个部分：①健身房/健身俱乐部。这些是专业的健身场所，通常需要高品质、耐用的健身器材。②个人健身爱好者。这些人在家中或户外进行健身活动，可能需要更灵活且价格适中的健身器材。③医疗康复市场。这些人可能需要定制的健身器材来帮助他们进行康复训练。

接下来是目标市场选择（Targeting），即公司选择自身最有可能成功服务的细分市场。在这个例子中，公司可能选择把注意力集中在以高端健身器材为主的健身房/健身俱乐部市场上，因为这些客户更愿意为高品质的产品支付更高的价格。

最后是市场定位（Positioning），即公司确定如何在目标市场中定位自己的产品。公司通过强调其产品的高品质、高科技和专业性，以满足健身房/健身俱乐部的需求；通过与竞争对手的比较，在目标市场中建立自己的独特地位；通过应用STP理论，采取有针对性的营销策略，来满足目标市场的需求。

补充知识：4P 理论

4P营销理论（The Marketing Theory of 4Ps），产生于20世纪60年代的美国，它是随着营销组合理论的提出而出现的。1953年，尼尔·博登（Neil Borden）在美国市场营销学会的就职演说中创造了"市场营销组合"（Marketing Mix）这一术语，其意指市场需求或多或少地受到所谓"营销变量"或"营销要素"的影响。1960年，美国密歇根州立大学的杰罗姆·麦卡锡教授在其《基础营销》一书中将这些要素概括为4类，即产品（Product）、价格（Price）、渠道（Place）、宣传（Promotion）。1967年，菲利普·科特勒在其畅销书《营销管理：分析、规划与控制》中进一步确认了以4Ps为核心的营销组合方法。4P营销理论的出现，标志着市场营销学的发展步入成熟阶段，也奠定了市场营销学的基础理论框架。

1.产品

整体产品是指人们通过购买（或租赁）所获得的需要的满足，包括一切能满足消费者某种需求和利益的物质产品和非物质形态的服务。整体产品通常分为核心产品、有形产品、附加产品。产品的品质、功能、设计等特征会直接影响消费者的购买决策，消费者通常倾向于购买具有高品质、多功能性、设计时尚等特点的产品。因此，企业应注重市场调研，通过分析市场需求不断改进产品策略，使产品在满足消费者功能需求的基础上更具吸引力，从而激发消费者的购买欲望。

2.价格

根据不同的市场定位，制定不同的价格策略，产品的定价依据是企业的品牌战略，注重品牌的含金量。价格是消费者购买决策中的重要考量因素之一。消费者往往会在产品价格和其价值之间进行权衡，以寻求性价比最高的产品。常见的心理定价策略有产品生命周期定价策略、尾数定价策略、声望定价策略和招徕定价策略，这些都是用来影响消费者行为的定价手段。

（1）产品生命周期定价策略。这种定价策略考虑到了产品从引入市场到退出市场的整个过程。在引入期，商家可能会采用高价策略，因为此时产品具有新颖性和独特性。随着产品进入成长期和成熟期，价格可能会逐渐降低，以吸引更多的消费者。在衰退期，为了清理库存，商家可能会采用更低的价格。这种定价策略可以影响消费者的购买决策，使他们在产品的不同阶段产生不同的购买行为。

（2）尾数定价策略。这种定价策略通过给产品定一个带有尾数的价格（如9.99元），使消费者产生一种"价廉"的错觉，从而促进产品销售。尾数定价策略可以影响消费者的价格感知，让他们觉得产品价格更便宜，从而更愿意购买。

（3）声望定价策略。这种定价策略针对的是消费者对某些品牌或产品的信任感和声望感知。通过给产品定一个高价，商家试图传达出产品质量高、品质优良的信息。这种定价策略可以影响消费者的购买决策，让他们觉得购买这种产品可以提高自己的声望或地位。

（4）招徕定价策略。这种定价策略通常用于吸引消费者的注意，如通过特价促销、买一赠一等方式吸引消费者注意。招徕定价策略可以刺激消费者的购买欲望，让他们觉得获得了额外的价值或优惠，从而更愿意购买。

3.渠道

企业并不直接面对消费者，而是注重经销商的培育及销售网络的建立，企业与消费者之间的联系是通过分销商实现的。分销渠道的起点是企业，终点是消费者，主要指的是各类中间商。选择适合产品的销售渠道，如线上电商平台、线下实体店等，消费者可能更愿意购买方便获得的产品，因此，销售渠道的便利性和覆盖范围对消费者的购买行为有着重要的影响。企业也需注重对销售渠道的布局，通过多元化的销售渠道满足消费者的购买需求。

4.宣传

很多人将Promotion狭义地理解为"促销"，其实是很片面的。Promotion应当包括品牌宣传（广告）、公关、促销等一系列的促销组合行为。促销组合策略包括两类，即推动策略和拉引策略。推动策略是指企业通过人员推销、广告、促销活动等手段，通过向消费者传递产品的优势和价值信息，将产品由生产者推向消费者，从而推动消费者主动购买产品；拉引策略是指企业通过建立品牌形象、提供良好的售后服务等手段，吸引消费者主动选择购买其产品，并由消费者将产品拉向销售渠道的上游。

促销策略的成功与否，很大程度上取决于如何有效地触发和利用消费者的心理效应。

举个例子。"双十一"是一年一度的网络购物狂欢节，吸引了大量消费者参与"双十一"抢购活动。这一活动包括大量商品打折、限时特价和满减等优惠，以及提前营销、广告宣传、"双十一"抢红包活动和预售等手段。这种促销活动触发了消费者的注意与认知，激发了消费者购买前的期待和兴奋情绪，同时刺激了消费者的购买动机和需求。在"双十一"活动期间，消费者往往会根据各种促销活动及满减规则做出购买决策，从而推动销售额的增长，

"双十一"也成为商家和消费者双方都期待的购物狂欢节。

4P理论作为营销学领域的经典理论，不少学者应用其进行各行各业的研究。然而，外部条件的发展变化使得任何一种理论都不是一成不变的，4P理论没有过时，但也不意味着不需要完善。在制定服务营销组合策略的过程中，布姆斯（Booms）和比特纳（Bitner）根据外部营销环境的变化在传统的4P理论基础上又增加了3P，分别是人员（Participant）、有形展示（Physical Evidence）和过程管理（Process Management）。"人员"在营销组合里，意指人为元素，扮演着传递与接受服务的角色；"有形展示"指的是"商品与服务本身的展示，亦即使所促销的东西更加贴近消费者"，"过程管理"代表消费者获得服务前所必经的过程。4P与7P之间的差别主要体现在7P的后3个"P"上。从总体上来看，4P侧重于早期营销对产品的关注，是实物营销的基础；7P则侧重于后来所提倡的服务营销对于除了产品之外的服务的关注，是服务营销的基础。

除此之外，也陆续出现了4C、4R等营销理论。有学者认为，4P理论和4C理论是相通的，4C理论是以消费者需求为导向提出四个基本元素，包括消费者（Consumer）、成本（Cost）、便利性（Convenience）、沟通（Communication）。4R理论同样重视消费者需求，具体表现为市场反应（Reaction）、顾客关联（Relativity）、关系营销（Relationship）、利益回报（Retribution），更多地强调以竞争为导向，是一种"供应链"式的营销模式。

在实际应用中，外部环境千变万化，企业应根据自身所处的行业环境、产品特点、目标消费者特征、竞争对手的营销战略等因素灵活地选择营销理论进行组合应用，相互补充，确保经营策略既能满足消费者需求，又能实现企业的经营目标。

第 17 讲

无所不在的文化

人类生活的各个方面无不受文化的影响，并随文化的变化而变化。文化决定了人的存在，包括自我表达的方式、感情流露的方式、思维方式、行为方式及解决问题的方式等；同时，不同的文化背景会塑造不同的消费观念和消费行为，本章我们就来学习一下文化对消费者所产生的影响。

一、怎样理解文化

文化是一个组织或社会中成员共享的知识、信念、意义、规范、惯例等的复合总体。狭义的文化认为文化是人类精神活动创造的成果，广义的文化是指人类创造的一切物质财富和精神财富。人类生活的各个方面无不受文化的影响，并随文化的变化而变化。文化决定了人的存在，包括自我表达的方式、感情流露的方式、思维方式、行为方式及解决问题的方式等；同时，不同的文化背景会塑造不同的消费观念和消费行为。

要想进一步理解文化的内涵，需要琢磨两句话：第一句是"文化即认同"，人类学家和社会学家将文化定义为由人群建立的、代代相传的生活方式。与此相似，文化也被其他学者定义为"人为创造的、被他人认可的观念，它给人们提供聚合、思考自身和面对外部世界的有意义的环境，并由上一代传递给下一代"。比如，在中国的传统节日清明节这一天，人们要返乡扫墓祭祖，表达对亡者的怀念和敬仰。第二句是"文化是习惯的沉淀"，人类是以群居生活的方式出现在自然界中的，为了生存，人们必须合作，合作又要求人们遵守一些大家共识的看法。这些共识慢慢地被分成两部分：一部分演变成人们必须遵守的、后来被统治阶级利用成为管理国家的工具，即法律；另一部分成为习惯，以共识的形式存在，成为约束人们行为的工具，即传统或道德。大量的习惯只有少部分会演变成传统或道德，其他以共识形式存在的习惯慢慢演化形成了文化，以区别其他区域人们的习惯或风俗。这主要体现在丰富的地域文化中，如福建的妈祖文化、广东地区的岭南文化等。

文化具有共享性、传承性、系统性和习得性的特点。首先，文化必须为社会或群体中多数人所共享，被群体接受或认同的观念或生活方式才能称为"文化"。例如，某个人喜欢街舞，不能称其为"文化"，一群人都喜欢街舞才能称之为"街舞文化"。其次，文化是在代际之间进行传递或演变的，比如，对于源远流长的传统文化，我们应取其精华，去其糟粕，在扬弃中继承和发展。再次，文化系统的不同要素是彼此关联、相互影响的，比如"低欲望社会"用于形容日本当前社会上的年轻人因经济低迷、压力较大，对工作、消费、结婚等丧失兴趣和欲望的现象，而这种心态又反过来使原本就不景气的经济更加萎缩了，由此可见，精神文化和物质文化是相互影响的。最后，文化是后天学习得到的，而非天生本能。例如，我们从小在父母、老师的教育下才懂得尊老爱幼、孝顺父母、待人有礼等礼节。

二、营销沟通中的文化差异

网络上流传过这样一道外国人的中文测试题："冬天，能穿多少穿多少；夏天，能穿多少穿多少。"这句话想要表达什么意思？虽然是同样的文字，在加上季节的前缀后却表达了完全相反的意思，中国人可以不假思索地说出问题的答案，而对于那些生长在另一种文化背景下的外国友人来说，这道题着实令他们感到苦恼。这则"小段子"生动地体现出不同文化系统中语言表达、思维方式的差异，也可以称之为"高语境文化和低语境文化的差异"。

语境是指人们在有效沟通之前所需要了解和共享的背景知识，美国人类学家爱德华·T·霍尔（Edward·T·Hall）根据文化中的主流交际方式，将不同文化划分为高语境文化和低语境文化两大类。在高语境文化中，交际信息的创造更多依靠语言交流的场合和环境，而非语言本身，其特点是含蓄、自谦，也就是中文里常说的"言外之意""弦外之音"。高语境文化常见于中国、日本等亚洲国家。在低语境文化中，人们之间的交际过程更多依赖清晰的语言和编码来实现，在交流中注重语言表达的逻辑性，对语境的依赖程度很低，具有明确、具体和直接的特点，其典型代表是美国、德国等欧美国家的文化。

高、低语境文化不仅影响人们的语言沟通、感情表达、行为方式，也会影响消费者的消费观念与消费行为，因此营销人员务必因地制宜，根据不同的文化背景对相应的营销策略进行调整。在不同的语境文化中，广告的制作也存在显著差异。由于低语境文化比高语境文化更强调语言本身的使用，个体更倾向于直线式思维，善于运用理性思维来表达客观事实，因此西方广告的特点是"言无不尽"；而高语境文化中的个体更加委婉含蓄，善于运用感性思维，因此东方广告具有"点到为止"的特点。

举个例子。华为在推出Mate10系列产品时，在国内的广告语是"预见未来"，不仅指的是产品在性能上的优越性与创新性，也含蓄地表达了企业在行业中的引领地位与极强的影响力，给消费者营造出一种权威、高端的印象；而同款产品在美国街头的广告语是"the best phone you've never heard of"，直接强调自己是"你听过的最好的手机"，"最好"这个词展现了企业对自己产品的强大信心，符合西方低语境文化中的直线式思维，从而使消费者产生对该产品的信赖，产生购买欲望。

三、如何影响跨文化区的消费者

正如上述内容中所体现的，不同文化背景的个体拥有不同的消费观念和消费行为。随着全球经济一体化的不断加快，企业在国际市场中面临着文化差异带来的巨大挑战，如果没有充分了解当地的文化就贸然开展营销活动，可能会导致文化障碍与冲突。因此，若企业想在异域文化背景下取得跨文化营销的胜利，就必须深刻挖掘目标市场需求背后所蕴含的深层次的文化因素，及时洞察文化差异所带来的市场差异和商业契机。

企业应根据不同的文化背景调整营销策略，即坚持全球本土化原则。在全球化背景下开展跨文化营销，要了解目标市场的文化差异，针对不同种族、不同类型的文化背景采取不同的营销方式。比如，肯德基在中国的发展可以很好地诠释全球本土化原则。最初肯德基在亚洲市场的经营是完全失败的，其主要原因是东方消费者一时难以接受西方的饮食文化。为了顺利打入中国市场，肯德基结合中国饮食文化和消费者口味对产品进行了改良创新，将美国传统的墨西哥鸡肉卷改成了独具中国特色的"老北京鸡肉卷"，针对爱吃辣的消费者推出了"川香小龙虾烤鸡堡"，此外还推出油条、豆浆、皮蛋瘦肉粥等中国特色早餐，等等。

举个例子。中国手机品牌"传音"风靡非洲，被称为"非洲之王"，截至2021年，传音手机已占据非洲46.7%的市场份额，使深圳传音控股股份有限公司（以下简称传音）一举成为全球第五大手机生产商。传音自创立之初就将主要目标市场确定为手机普及率仅为9.4%左右的非洲地区，为了顺利抢占非洲市场，传音通过在街上和行人谈话、去商店询问销售员、观察当地人怎么使用手机等方式寻找当地消费者的痛点，有针对性地开发能够迎合消费者需求的产品。

首先，传音发现市面上的普通手机的功能对于黑肤色用户极端不友好，不能满足非洲消费者的需求。于是传音的工作小组，通过大量收集当地人的照片，反复进行试验，根据对当地人的脸部轮廓、曝光补偿、成像效果的分析调试，研发出适用黑肤色用户的美肌模式，传音也依靠强大的拍照功能成功吸引到第一批消费者。除拍照外，传音还在其他属性上因地制宜，将其做到了极致。比如，根据非洲天气炎热、消费者容易出汗的气候背景开发了具有防汗、防摔功能的机型；非洲人热衷歌舞，传音在2016年推出主打音乐功能以及随机赠送头戴式耳机的策略……这些真正贴合当地消费需求的强大功能接连推出，使传音渐渐成了非洲消费者眼中的"神机"。

企业除了需要根据当地文化对产品进行本土化之外，还需要在宣传方式、语言表达等方面注意文化间的差异。比如，在1927年可口可乐（Coca-Cola）第一次进入中国市场时，被直接按照英文发音翻译成"蝌蚪啃蜡"，结果销量惨淡。后来在公司重金征集名称后才改为"可口可乐"，这个译名不仅保持了其英文的音节，还体现了品牌的核心概念"美味与快乐"；雪碧（Sprite）的英文本意是"小妖精、小精灵"，在中国的传统文化里，妖精一般带有恐怖、迷信色彩，后来改名为"雪碧"，给中国消费者一种清凉之感，而"碧"也刚好与其绿色的包装瓶呼应。

此外，在品牌标志方面，如专门设计的符号、图案、色彩等在不同的文化中可能也蕴含着不同的意思。例如，孔雀（peacock）是中国人喜爱的动物，认为它象征着吉祥美好，但在英美国家，孔雀意味着骄傲、炫耀，法国人则认为孔雀是祸鸟；喜鹊（magpie），在中国它是吉祥、幸福的象征，"喜鹊登门"意味着喜事临门，会给人带来好运，在英语中它却用来比喻喋喋不休、令人讨厌的人，而在苏格兰"喜鹊登门"意味着死亡。颜色在不同文化中也有不同的象征意义，各民族都有各自喜爱和禁忌的色彩，比如白色，在英语中多为褒义，象征"透明、纯洁、正确"等，在汉语中却是"反动、死亡、徒劳"的意思。

举个例子。阿拉伯数字"4"与中文汉字"死"的音节相同，数字"8"的中文谐音是"发"，代表"发达、发财、发展"之意，因此中国人将"8"视为吉利的数字，将"4"视为不祥之兆。在商品的定价上，人们更倾向于接受"8"而不是"4"。

西方最忌讳的数字是"13"，《圣经》记载最后的晚餐中，耶稣被自己的弟子出卖而被处死，当时餐桌上正好是13个人，所以西方人就认为是这个数字"13"带来了不幸。因此，在西方楼房和电梯没有13楼，航空公司没有13号班机，影院没有13排、13座。

在全球经济一体化的今天，企业要想顺利进军外国市场所要考虑的并不局限于以上提及的口味、需求、语言表达、图案、数字等因素，还包含社会规范、信仰等因素。企业在开展国际营销时首先应承认并接受文化差异的客观存在，理解并尊重他国的文化。在此基础上高度重视对文化差异的研究，尽可能避免文化差异带来的冲突，并"入乡随俗"，根据当地情况制定有效的营销策略，从中捕捉新的营销机会。

补充知识：霍夫斯泰德文化维度理论

荷兰跨文化研究专家霍夫斯泰德（Hofstede）用二十几种不同的语言在72个国家里发放了116 000多份调查问卷，通过分析各国员工在价值观和信念上表现出来的国别差异，总结出衡量价值观的5个维度。

（1）个人主义与集体主义。个人主义即以个人为中心，注重个性发展，个人高于组织，与组织的关系是功利性的。利益是前提，义务依赖它存在。集体主义把个人的利益与组织的利益联系在一起，认为个人对组织有忠诚的义务与责任。

（2）权利距离。权利距离是指某一社会中地位低的人对于权力在社会或组织中不平等分配的接受程度。各个国家由于对权力的理解不同，在这个维度上存在着很大的差异。

（3）不确定性的规避。不确定性的规避是指一个社会对不确定和模糊态势所感受到的威胁程度，试图以保障职业安全、制定更正式的规则、拒绝越轨的观点和行为、相信绝对忠诚和专业知识来规避上述态势。

（4）男性化与女性化。男性化社会强调诸如武断、金钱的获得、无视他人等价值观，成功的创造者和能力强的人被视为英雄；而在女性化社会中，竞争的失败者可能会引起人们的同情，个人的才华易受到质疑和否定。

（5）长期观与短期观。这两种观念指的是某一文化中的成员对延迟其物质、情感、社会需求的满足所能接受的程度。长期观的准则是储蓄、节俭、长期投资，短期观则正好相反，提倡及时行乐。

参考文献

[1] 蔡雅琦，施俊琦，王垒.冲动性购买行为的研究综述[J].应用心理学，2004(3)：53-57.

[2] 熊素红.基于个性特质的冲动性购买研究[D].武汉：华中科技大学，2011.

[3] 王道平，郭文璇.网络购物节期间在线零售商定价策略——基于电商平台销售大数据的分析[J].中国流通经济，2021，35(9)：95-106.

[4] 雷玲，张小筠，王礼力.基于电子商务营销的网上冲动购买研究[J].商业研究，2012(3)：103-108.

[5] 中国互联网络信息中心.中国互联网络发展状况统计报告[EB/OL].[2022-08-31].

[6] 刘婷艳.直播带货中用户信息交互行为及信息交互效果评价研究[D].长春：吉林大学，2023.

[7] 刘子寒，符少玲.消费者满意度综述[J].商业经济研究，2023(23)：61-64.

[8] 罗磊.社群电商认同、品牌信任与消费者忠诚[J].商业经济研究，2023(2)：70-73.

[9] 刘飞, 胡欣. 基于网络零售商的消费者价值与消费者忠诚研究[J]. 商业经济研究, 2021(9): 73-76.

[10] 沈蕾, 杨桂云. 论品牌忠诚度的作用及影响因素[J]. 消费经济, 2001(5): 50-53.

[11] 张中科, 王春和. 负面口碑信息对消费者品牌转换的影响研究[J]. 市场营销导刊, 2009(2): 55-58.

[12] 黄顺春. 需要与需求辨析[J]. 中国商人(经济理论研究), 2005(8): 42-43.

[13] 罗子明. 消费者动机研究的发展[J]. 北京商学院学报, 1997(4): 50-53.

[14] 费雯俪. 轻奢品牌迅猛发展的缘由与渠道探析[J]. 包装世界, 2015(4): 16-17.

[15] 赵俏姿, 童志方, 金栖桐, 等. 轻奢品牌COACH定位与平衡战略分析[J]. 中国市场, 2015(23): 108-109+112.

[16] 董美友. 浅议消费者行为研究的方法[J]. 科技创业月刊, 2012, 25(10): 41-42.

[17] 薛红燕, 王怡. 基于感觉阈限的市场营销策略研究[J]. 商场现代化, 2006(32): 107-108.

[18] 杜淑琳. 感觉阈限理论在市场营销中的应用[J]. 商场现代化, 2010(15): 37.

[19] 李晶. 经典条件反射理论在广告营销中的运用研究[J]. 中外企业家, 2019(24): 116-117.

[20] 雷莉，马谋超.品牌延伸评价中的学习机制［J］.心理科学，2003（2）：360-361.

[21] 韩经纶，赵军.论品牌定位与品牌延伸的关系［J］.南开管理评论，2004（2）：46-50.

[22] 符国群.品牌延伸研究：回顾与展望［J］.中国软科学，2003（1）：75-81.

[23] 孙国辉，韩慧林.品牌延伸效应的研究评述与展望［J］.中央财经大学学报，2014（9）：73-82.

[24] 谭勇.品牌传播长期有效性探析——基于艾宾浩斯遗忘曲线和品牌核心价值［J］.企业经济，2008（6）：33-35+166.

[25] 周云.品牌定量分析理论与品牌诊断技术研究［M］.北京：经济管理出版社，2019.

[26] 冯小亮，黄敏学，张音.矛盾消费者的态度更容易受外界影响吗——不同态度成分的变化差异性研究［J］.南开管理评论，2013，16（1）：92-101.

[27] 栾亚飞，许诗佳，王雪珂.消费者态度转变探究［J］.现代商业，2019（27）：3-5.

[28] 杨一翁，孙国辉，涂剑波.高介入购买决策下的国家品牌效应研究［J］.管理学报，2017，14（4）：580-589.

[29] 郭毅然.ELM模型与道德教育对象态度改变的说服路径［J］.探索，2010（4）：128-132.

[30] 钟科，王海忠，杨晨.感官营销研究综述与展望［J］.外国经济与管

理，2016，38(5)：69-85.

[31] 张俊妮，江明华，庞隽.品牌个性与消费者个性相关关系的实证研究[J].经济科学，2005(6)：103-112.

[32] 郭宁.奢侈品品牌的文化价值与设计分析——以香奈儿为例[J].艺术百家，2020，36(6)：197-200+215.

[33] 李天伊，方刚，刘岳.基于大五人格理论的化妆品营销策略分析[J].商场现代化，2018(23)：40-41.

[34] 周欣悦，王丽丽.消费者行为学[M].北京：机械工业出版社，2021.

[35] 德尔Ⅰ霍金斯，戴维Ｌ马瑟斯博.消费者行为学[M].符国群，译.12版.北京：机械工业出版社，2014.

[36] 董金松，陈通.基于文化价值观的消费者行为研究[J].辽宁工学院学报（社会科学版），2006(5)：18-21.

[37] 周延风.文化价值观对消费者行为影响的实际应用[J].当代经济，2002(12)：10-11.

[38] 杜振涛.价值观导向对消费行为的影响研究[D].兰州：兰州大学，2012.

[39] 周光，余明阳，许桂苹，等.营销视角下的生活方式概念及应用研究[J].上海管理科学，2018，40(3)：29-37.

[40] 潘煜，高丽，王方华.中国消费者购买行为研究——基于儒家价值观与生活方式的视角[J].中国工业经济，2009(9)：77-86.

[41] 张梦霞.奢侈消费的界定及其价值观动因研究[J].经济管理，

2006(12): 23-29.

[42] 吴琪,丁俊杰.奢侈与炫耀:基于炫耀性消费的奢侈品传播机制研究[J].现代传播(中国传媒大学学报),2013,35(6):110-114.

[43] 李飞.营销4P理论正当其时[J].北京商学院学报,2001(1):1-3.

[44] 余晓钟,冯杉.4P、4C、4R营销理论比较分析[J].生产力研究,2002(3):248-249+263.

[45] 李雪莹.从高低语境视角中透析中西广告文化差异[J].文化产业,2021(4):72-73+77.

[46] 李子怡.全球化背景下跨文化营销的挑战与对策研究[J].中国市场,2023(4):7-9.

[47] 陈林.浅谈跨文化营销应注意的沟通问题[J].现代情报,2004(7):217-218.